ESSAI DE PSYCHOLOGIE SOCIALE

LE PHÉNOMÈNE

DE

L'ANARCHIE INTELLECTUELLE

DANS LA CONSCIENCE MODERNE

THÈSE POUR LE DOCTORAT ÈS LETTRES

présentée à la Faculté des lettres de l'Université de Nancy.

PAR

GATIEN RAMOUSSE

IMPRIMERIE THOLAT FRÈRES

SAINT-AMAND (CHER)

1909

LE PHÉNOMÈNE

DE

L'ANARCHIE INTELLECTUELLE

DANS LA CONSCIENCE MODERNE

ESSAI DE PSYCHOLOGIE SOCIALE

LE PHÉNOMÈNE

DE

L'ANARCHIE INTELLECTUELLE

DANS LA CONSCIENCE MODERNE

THÈSE POUR LE DOCTORAT ÈS LETTRES

présentée à la Faculté des Lettres de l'Université de Nancy.

PAR

GATIEN RAMOUSSE

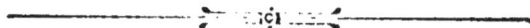

IMPRIMERIE THIOLAT FRÈRES

SAINT-AMAND (Cher)

1909

Introduction

A part les notions scientifiques et les lois basées sur l'expérience positive, il n'est pas une idée philosophique dans la conscience contemporaine qui ne trouve agressive en face d'elle une idée contradictoire ; pas un dogme auquel ne s'oppose un dogme, pas une doctrine contre laquelle ne s'élève une argumentation destructrice. Les vieilles idées majestueuses de Dieu, de Conscience morale, de Liberté, de Bien, d'Égalité, de Justice et de Patrie, qui, longtemps furent les remparts inviolables de la spéculation et de l'action et formèrent l'armature de la conscience nationale, se trouvent à l'heure actuelle interprétées en mille sens divers, souvent contradictoires, ou même radicalement niées par quelques uns. Dieu, par exemple, on en affirme et on en nie simultanément l'existence ; et ceux qui l'admettent se contredisent en le définissant. On lui prête les plus invraisemblables attributs ; pour les uns, il est un pur esprit ; pour les autres, la matière où la force cosmique ; on le conçoit sous forme de personnalité ou comme un être inconscient. Des penseurs affirment à la fois qu'il est le Bien, le Mal, la Loi éternelle des choses, le Beau, la Vérité, la Vie, l'Unité, l'Idéal, l'Humanité perfectible, la Volonté, l'Inconscient, la Raison universelle, le Zéro d'existence etc... Bref, dans ce concept se trouvent condensées toutes les rêveries, toutes les élucubrations, toutes les contradictions et les sottises de l'impuissance humaine. Une végétation semblable de définitions, de solutions, d'explications étouffe tous nos concepts métaphysiques ; c'est parmi les penseurs une confusion suprême, un paroxysme incurable d'anarchie, une vague d'idées contradictoires que nulle puissance matérielle ni intellectuelle ne semble pouvoir désormais arrêter.

Les dogmes des religions positives s'effritent aussi et se désagrègent au souffle irrésistible de l'esprit critique et de la raison ; ils exercent une a1torité de plus en plus limitée sur les masses et ne règlent désormais ni la conduite privée, ni les rapports des individus, ni la vie publique ; ils n'inspirent plus ni la morale, ni le droit, ni la politique des nations.

D'autre part, aucune métaphysique profane n'a pu s'imposer aux esprits avec assez d'autorité pour coordonner les éléments contradictoires de la conscience sociale et nous donner cette uniformité de direction théorique et pratique indispensable à la poursuite d'un idéal commun. Les systèmes sont devenus trop nombreux ; athéisme, déisme, panthéisme, matérialisme, évolutionnisme divisent les esprits. Toutes les doctrines métaphysiques, sociales ou politiques ont parmi nous des représentants ; chacun a son idée personnelle, extravagante ; personne n'admet d'autorité spirituelle, ni d'influence extérieure. Des principes qui naguère semblaient irréductibles et pleins de force, apparaissent dans le pêle-mêle de la conscience moderne, comme des ruines d'un autre âge, comme des poussières désagrégées, dissipables au plus léger souffle de la critique rationaliste. Il semble que la ruine de tous les édifices intellectuels soit consommée ; que tout le champ de la pensée soit dévasté ; que tous les sanctuaires soient démolis ou qu'ils portent du moins la plaie saignante et mortelle de l'illogisme.

Il ne faudrait pas croire que la multitude de ces doctrines divergentes habitent le cerveau des philosophes seulement. Grâce à un concours de circonstances extérieures telles que le développement de l'instruction, l'extension du journalisme, la participation de tous à la vie politique, il parvient aux oreilles du peuple lui-même des échos de tous les systèmes et de toutes nos contradictions ; les partis politiques, les sectes philosophiques exercent sur la foule des pressions tellement fréquentes et si tyranniques qu'il est impossible qu'elle ne participe pas dans une large mesure au désarroi de la pensée philosophique. La conscience sociale tout entière est intéressée au phénomène que nous signalons.

Ce phénomène d'ailleurs n'a rien de nouveau. Il a été signalé dès la plus haute antiquité sous le nom de « contradiction universelle ». Les sceptiques grecs en ont fait un de leurs principaux arguments contre la vérité et contre la connaissance humaine. Les penseurs contemporains se sont désintéressés davantage de l'aspect psychologique du phénomène et l'ont envisagé surtout dans ses conséquences sociales. Souvent ils ont été frappés des crises de la spéculation religieuse, métaphysique, morale ou politique ; souvent ils ont déploré l'absence d'unité mentale, l'absence de principes directeurs et d'autorité spirituelle. Auguste Comte est l'un des premiers qui ait employé le mot propre pour désigner cet état en apparence pathologique de la conscience moderne ; il l'a nommé le phénomène de « l'anarchie intellectuelle ». Il est aussi un des penseurs qui ont le plus agité le mot et le plus contribué à en faire un épouvantail pour la conscience contemporaine. Depuis, un grand nombre de philosophes ont été amenés à l'envisager sous l'un ou l'autre de ses multiples aspects : religieux, métaphysique, social, scientifique même.

Mais tous cependant ont considéré l'anarchie intellectuelle comme une anomalie paradoxale au sein de l'esprit collectif ; quelques-uns en ont cru l'étude dangereuse pour la spéculation et l'action ; d'autres ont voulu plus ou moins directement la supprimer ou l'éliminer en substituant aux systèmes déchus une doctrine supérieure. Beaucoup ont ressenti dans les profondeurs de leur conscience l'angoissante réalité du phénomène et son sourd développement et en ont éprouvé de grandes douleurs morales dans le silence et la résignation. Aucun penseur n'en a entrepris l'étude systématique et n'a essayé d'en comprendre la profonde signification et la fatale nécessité.

Nous nous proposons dans cet ouvrage, de reprendre l'étude du phénomène de l'anarchie intellectuelle d'un point de vue plus scientifique et d'éclairer, de la lueur des méthodes positives, les grandes oscillations de la conscience contemporaine. Elles forment, croyons-nous, un tout systématique et parfaitement équilibré, évoluant régulièrement suivant des lois définies, bien qu'elles paraissent encore isolées, indépendantes et désordonnées et qu'elles jettent une certaine épouvante dans la conscience collective. Il en est de notre système intellectuel comme de notre système planétaire ; il ne paraît chaotique que parce qu'on ne saisit pas les relations logiques qui en relient les différents éléments, et qui en font un tout harmonieux.

A-t-on jamais comparé l'étonnement, ou la tremblante attitude de l'homme primitif et de l'ignorant devant les phénomènes naturels, tels que, l'éclair, la foudre, les secousses sismiques, les éruptions volcaniques etc., au calme et à la sérénité impassible du savant devant ces mêmes cataclysmes ? D'où provient le contraste ? Quel changement s'est opéré dans

la conscience de celui-ci ? Nul ne l'ignore : l'homme moderne
comprend la fatalité inéluctable de ces phénomènes ; il en
possède l'explication scientifique et la loi ; il en connaît les
conditions immédiates, tandis que l'autre n'en soupçonnait pas
le mystère. Comprendre, c'est donc calmer l'angoisse de sa
conscience ; c'est diminuer la nervosité impressionnable de
son organisme, accepter les destinées fatales du cosmos, s'armer de l'indifférence et de la résignation infiniment sages du
savant et du contemplateur. Comprendre, voilà le remède à
toutes les terreurs, à toutes les épouvantes.

Cette inquiétude universelle devant le trouble de la conscience
contemporaine, ne tiendrait-elle pas aussi à ce que nous sommes
encore, en face de certains phénomènes sociologiques incompris,
comme nos ancêtres en face des cataclysmes physiques ? Et si
nous parvenions à éclairer d'une lumière plus franche les phénomènes de la contradiction universelle, ne rendrions-nous pas à
quelques-uns de ces esprits apeurés un peu de calme scientifique ? C'est cet espoir, et aussi le désir de nous rassurer nous-
mêmes, qui a inspiré cette étude. Voici dès à présent un aperçu
des résultats auxquels elle nous conduira.

Nous serons d'abord amenés à constater qu'il existe au
sein de la pensée contemporaine des courants ou mouvements
logiques aussi positifs et aussi observables que les mouvements qui se produisent dans l'espace. Ces mouvements sont
de deux sortes. Les uns sont rectilignes ; ils nous permettent
de passer des principes aux conséquences, et de dérouler la
série complète de ces conséquences ; tels sont les mouvements
dialectiques qui entraînent la pensée de Rousseau d'une conception utopique de l'homme à sa théorie non moins utopique de
l'éducation et du contrat social ; qui font des doctrines théistes
ou rationalistes un tout logique se développant à l'infini comme
une magnifique avenue rectiligne. D'autres mouvements sont
oscillatoires et offrent deux positions symétriques : la thèse et
l'antithèse ; à cette catégorie appartiennent tous ces mouvements logiques par lesquels les esprits modernes passent de
l'affirmation de l'existence de Dieu à sa négation, d'une politique avancée à une politique rétrograde, d'un système à un
autre système contradictoire du premier.

Nous verrons que le phénomène de l'anarchie intellectuelle,
scientifiquement interprété, résulte précisément de certains
de ces mouvements et de leur interférence au sein de la

conscience contemporaine. Toutes les divergences d'opinions se ramènent en définitive à trois oscillations dialectiques
fondamentales : oscillation du point de vue théologique au
point de vue positiviste; oscillation des esprits d'une interprétation idéaliste de leurs idées générales à une interprétation empiriste ; oscillation, enfin, de l'affirmation des idées directrices
de la conscience, à la négation de ces mêmes idées.

Ces trois oscillations ne sont pas fortuites au sein de la conscience humaine, mais bien nécessaires et fatales comme les
révolutions des astres, comme les mouvements cosmiques, ou
comme le triple mouvement qui anime notre propre planète.
Ces oscillations fondamentales entraînent avec elles une foule
d'oscillations secondaires, comme le triple mouvement du globe
terrestre, entraine un triple mouvement de tous les objets qui
sont à sa surface.

L'unité mentale, rêvée par Auguste Comte comme l'idéal et
l'aboutissement de notre évolution intellectuelle, est donc pour
nous une utopie. Toutefois, il existe un point de vue de l'esprit
d'où toutes nos divergences d'opinions disparaissent, et d'où le
système de nos contradictions et de nos oscillations mentales
apparait aussi harmonieux, aussi équilibré, aussi immobile
que les astres qui brillent au firmament.

Nous montrerons qu'une conciliation des doctrines est pré-
parée par la discipline des penseurs contemporains et que la
conscience moderne s'achemine lentement vers une forme
stable et plus parfaite d'équilibre. Bien plus, nous croyons
qu'il existe une méthode scientifique pour concilier nos
états intellectuels contradictoires, et aussi les idées antagonistes de la conscience sociale. Nous en esquissons ici même la
théorie : nous en donnons la première application dans l'« *Essai
d'une théorie scientifique du concept de vérité* » : enfin nous
nous proposons d'étendre ultérieurement cette méthode à tout
le domaine philosophique.

Réduction du phénomène de l'anarchie intellectuelle à sa
formule scientifique ; établissement de sa nécessité et de sa
fatalité au sein de la conscience collective; prévision de son
aboutissement probable d'après les données de la pensée
moderne ; esquisse d'une méthode de conciliation des éléments
contradictoires de la pensée individuelle ou sociale ; tel est donc
le quadruple but que nous nous proposons.

Il est aisé de constater d'après ces brèves indications qu'il
ne s'agit pas dans cet essai de quelques considérations hasar-

deuses et disloquées sur la réalité, le degré, les conséquences plus ou moins lointaines, le développement historique du phénomène. Nous ne prétendons pas substituer à cet état intellectuel un état d'unité, ni rallier les consciences à un nouveau système ; nous ne voulons pas non plus juger le fait de l'anarchie mentale par rapport à un idéal impossible. Nous nous proposons de traiter le phénomène comme un problème de physique mentale ; d'observer, d'analyser les grands mouvements dialectiques de la conscience contemporaine comme le physicien analyse le mouvement pendulaire et de déduire de ces observations les conditions d'équilibre et de déséquilibre, ainsi que les lois de composition de nos divers éléments intellectuels.

Seule est légitime dans notre siècle de science, l'impartialité et l'impassibilité du chimiste en face de ses cornues ou de l'astronome devant ses télescopes. C'est Renan qui l'a dit : « Le seul irréprochable est le contemplateur qui ne vise qu'à trouver le vrai, sans souci de le faire triompher ni de l'appliquer (*Vie de Jésus*, préface).

PHÉNOMÈNE

DE

L'ANARCHIE INTELLECTUELLE

DANS LA CONSCIENCE MODERNE

CHAPITRE PREMIER

THÉORIE GÉNÉRALE DU MÉCANISME DE L'ANARCHIE INTELLECTUELLE

SOMMAIRE. — I. Dynamique et statique mentale. — II. Existence d'un mouvement oscillatoire dans la conscience moderne et caractère de ce mouvement. — III. Les conditions essentielles de ce mouvement. — IV. Concordance et discordance de mouvements et variations anarchiques correspondantes. — V. Le fonctionnement réel de ce mécanisme.

I

Lorsque nous considérons attentivement et durant un temps assez long un système matériel quelconque, nous ne tardons pas à découvrir qu'il est soumis, malgré son apparent équilibre, à un certain nombre de mouvements, dont les uns affectent la masse totale et les autres les divers éléments du système.

Ainsi, le globe terrestre, en apparence immobile, est animé d'un triple mouvement : mouvement de rotation autour du soleil, mouvement de rotation sur lui-même, mouvement oscillatoire de ses pôles, sans parler d'une infinité de mouvements complexes qui se propagent à sa surface ou qui agitent son centre. La Physique nous apprend même que tous les corps sans exception sont le siège de

mouvements moléculaires qui se manifestent extérieure-
ment sous forme de son, de chaleur, d'électricité, d'attractions ou de répulsions.

Si de plus, nous cherchons à saisir les corrélations entre
ces divers mouvements et si nous essayons d'en opérer la
synthèse, nous obtenons souvent une résultante commune.
Cette résultante est un indice précieux de la direction
générale du système, de sa tendance fondamentale et
de son aboutissement définitif. Par une observation
de ce genre nous sommes amenés, à prévoir l'intégration
ou la désintégration du globe terrestre ; l'évolution
de l'organisme social vers des formes plus parfaites ou sa
dissolution prochaine ; nous sommes avertis de la mort
imminente d'un être vivant lorsque les mouvements de
désintégration l'emportent chez lui sur les mouvements
parallèles d'intégration, lorsque nous observons le ralentissement de ses fonctions vitales, la perte de son énergie,
le dessèchement de ses tissus, etc.

Des mouvements intellectuels analogues à ces mouvements matériels, aussi déterminés, aussi positivement
observables, aussi significatifs, ne se développeraient-ils
pas au sein de la conscience moderne, où nous ne percevons, au premier abord, qu'une fermentation violente et
confuse d'idées et de théories ? Et ces prévisions, auxquelles
nous sommes conduits à l'égard d'un système matériel par
l'examen de ses mouvements élémentaires, ne se produi-
raient-elles pas avec la même certitude et la même régularité pour notre système intellectuel, si nous parvenions
à découvrir les mouvements essentiels qui l'affectent et à
les composer de manière à dégager leur résultante commune ?

C'est cette hypothèse, peut-être aventureuse, mais
féconde et passionnante, que nous allons tenter de
vérifier en coordonnant certains états intellectuels de la
conscience moderne, actuellement épars et qui ne paraissent anarchiques, que par ce qu'ils sont provisoirement
décentralisés.

Une double opération sera nécessaire pour atteindre ce

résultat. La première, sorte de dynamique mentale, consistera à isoler les mouvements généraux qui affectent le système intellectuel de la conscience moderne. La seconde, sorte de statique mentale, aura pour but la synthèse de ces mouvements, la composition des forces découvertes, la détermination de leur résultante et l'examen de la signification sociale de cette résultante. Telle est, dans ses deux divisions principales, l'espèce de dialectique ou de mécanique mentale, qui systématiquement poursuivie, nous révélera l'état anarchique de la conscience moderne, nous ouvrira une percée dans la brume opaque de notre avenir intellectuel et nous révélera la possibilité d'un équilibre futur.

Avant toute construction il est bon de poser quelques principes abstraits et généraux qui sont comme la charpente, la structure initiale de l'édifice total. L'ingénieur conçoit et exécute le tracé abstrait d'une ligne de chemin de fer avant d'en commencer l'exécution ; l'esquisse précède le tableau, la maquette précède la statue ; l'architecte se livre à des considérations abstraites, étudie les lignes idéales de son ouvrage avant de le mettre en chantier. De même, avant d'entrer dans l'étude concrète des mouvements qui affectent notre système intellectuel, il nous paraît nécessaire de poser les principes généraux de notre travail et de déterminer le mécanisme abstrait de l'anarchie intellectuelle afin d'assurer la solidité de l'édifice et de donner dès à présent au lecteur, comme une vue anticipée de l'ensemble. Que le lecteur à qui ce chapitre préliminaire paraîtrait abstrait et sec, n'oublie pas qu'il s'éclaircira par la suite et qu'il recevra des autres sa justification et sa confirmation.

II

Et d'abord, un postulat initial se trouve impliqué à l'origine même de notre dialectique. Ce postulat doit servir de fondement général à toutes nos inductions postérieures ; il doit par conséquent être examiné. Existe-t-il réellement un mouvement intellectuel au sein de la conscience moderne ? Et ce mouvement est-il de nature, à justifier une espèce de dialectique mécanique de l'esprit ?

Que des mouvements intellectuels se produisent au sein de la conscience collective aussi bien que dans la conscience individuelle, le fait est absolument évident et ne peut faire de doute pour personne. Il s'impose à l'observation du psychologue et du sociologue. La pensée moderne évolue, se différencie, se transforme, subit des alternatives d'intégration et de désintégration, et cela suivant certaines lois logiques, telle est la constante expérience qui s'offre à nos regards.

A l'esprit du XVIIe siècle, catholique et monarchique se substitue la libre-pensée négative de Voltaire et de Rousseau ; le principe d'autorité fait place au principe du libre examen ; le spiritualisme de Descartes et de Bossuet au sensualisme de Condillac ; la théorie du droit divin au principe du Contrat social et de la souveraineté du peuple. C'est un renouvellement jusqu'à la moelle de la pensée française. Avec Lamennais, Saint-Simon, Auguste Comte, de nouvelles formes de Christianisme tendent à se substituer à la doctrine orthodoxe. La conscience sociale, et par suite aussi les consciences individuelles, évoluent périodiquement de l'athéisme et du matérialisme au panthéisme, du criticisme de Kant au néo-criticisme de Renouvier ; du rationalisme au positivisme et de cette dernière doctrine à la doctrine évolutionniste. Mêmes mouvements de la pensée littéraire : elle passe des pâles doctrines classiques au romantisme, du romantisme au naturalisme, et elle s'achemine encore vers de nouvelles formes d'idéal.

La pensée politique aussi a ses mouvements, plus violents même que les autres ; elle oscille des doctrines individualistes aux doctrines communistes ; du socialisme d'État au socialisme communal et au socialisme corporatif ou sociétaire ; du radicalisme politique au traditionalisme ou réciproquement. M. Fouillée, compare le « Mouvement idéaliste » au « Mouvement positiviste » et en fait le titre de deux ouvrages.

Le terme de mouvement a une telle généralité qu'il est susceptible des plus diverses applications. Ce n'est donc pas user d'un artifice spécieux que d'en faire usage dans l'analyse des variations intellectuelles de la conscience sociale mais bien se conformer à la pratique courante.

Cependant, si l'existence d'un mouvement intellectuel est irrécusable, c'est à la condition d'en déterminer les caractères spéciaux et de ne pas assimiler des mouvements purement idéaux, avec les mouvements matériels. Essayons d'éviter quelques-unes des confusions possibles en précisant la vraie nature d'un mouvement mental.

Et d'abord, il ne s'agit point ici d'un changement de lieu, ni du passage d'un mobile d'un point de l'espace à un autre point. Si les conditions externes de la pensée se trouvent dans l'espace, la pensée elle-même déroule ses moments successifs en dehors de l'espace ; les changements qui affectent nos états intellectuels ne sont jamais soumis à cette forme. Il faut donc entendre, par mouvement intellectuel, le simple passage d'un état de conscience à un autre état de conscience différent du premier ; ou, en d'autres termes, la sucession et la différenciation continue des états de la conscience sociale ou individuelle. Nous prenons le mouvement au sens antique du mot, c'est-à-dire au sens de changement, d'écoulement ; nous le concevons comme une synthèse de positions idéales successivement occupées par la conscience d'un sujet pensant.

Cependant les mouvements intellectuels ne se produisent pas dans le vide ; ils ont leur lieu propre, comme les mouvements matériels. Le lieu de tous les mouvements intellectuels, c'est la conscience sociale ou la conscience individuelle, selon le point de vue. Par conscience individuelle, nous entendons cet espace idéal où viennent s'aligner tous les états du moi, ce théâtre intérieur et psychologique où se déroule l'ensemble de

notre vie intellectuelle. Par conscience sociale, nous entendons une sorte de vaste conscience fictive, indéfiniment
étendue dans l'espace et dans le temps ; elle est
comme la synthèse ou le lieu de toutes les consciences
individuelles, dont elle reflète l'harmonie ou le désaccord ;
elle est une sorte d'âme de la cité intellectuelle, résumant
en elle toutes les âmes individuelles, en exprimant les divers rapports, les tendances et les aspirations communes. La conscience individuelle est donc le lieu où
s'accomplit l'évolution de l'esprit individuel. La conscience
sociale est le lieu des mouvements intellectuels de l'esprit
national, ou même de l'esprit universel. Ces deux espaces
idéaux ne diffèrent point en nature, mais seulement en
grandeur, en étendue et en durée. Tandis que le premier
est limité et que ses limites ne s'avancent pas fort loin,
le second est par essence, indéfini et illimité. Tandis
que les mouvements qui se produisent au sein de la conscience individuelle n'ont, en général, qu'une valeur relative, particulière, restreinte à la valeur même de l'esprit
individuel qui leur a donné naissance ; les mouvements
de la conscience collective présentent un intérêt à la fois
psychologique et sociologique, infiniment plus grand et
plus universel.

Se déroulant sur un terrain beaucoup plus vaste, dans
un milieu d'une étendue et d'une durée indéfinies, ces derniers mouvements deviennent eux-mêmes beaucoup plus
majestueux et plus grandioses que dans la conscience individuelle : les états qui se succèdent sont plus riches, plus
féconds, plus vigoureux et les répercussions plus profondes. Nous avons ici un contraste analogue à celui qui
existe entre les mouvements relativement mesquins de
notre organisme individuel et les mouvements infinis dans
leur durée et dans leur puissance qui affectent notre
système solaire. La profondeur et l'ampleur de la conscience collective, au sein de laquelle se meuvent de merveilleux systèmes d'idées, égale la profondeur de l'espace
sans fond où évoluent les mondes infinis des astres. Là,
se heurtent, se balancent des forces idéales analogues aux

forces cosmiques ; là se développent des mouvements analogues aux mouvements célestes, mais qui, au lieu d'être
régis par la loi de l'attraction universelle, sont régis par
les lois d'une logique tout aussi implacable. La synthèse
de ces puissants engrenages logiques nous échappe encore, il est vrai, et nous ne sommes pas arrivés à
percevoir l'unité de notre vaste organisme intellectuel ;
mais des mouvements existent sans nul doute et les bases
d'une mécanique mentale, analogue à la mécanique céleste,
gisent au fond de la conscience moderne.

Ainsi, des mouvements intellectuels, se développant au
sein de la conscience individuelle ou collective, tel est le
fondement expérimental inébranlable sur lequel nous
pouvons construire désormais sans avoir peur de bâtir sur
un sable mouvant. Ce n'est là cependant qu'une observation tout à fait élémentaire ; elle a besoin d'être complétée
et interprétée, pour devenir vraiment féconde et donner
lieu à un système de conséquences originales. Il est nécessaire de déterminer les caractères des mouvements, qui
produisent l'anarchie intellectuelle et d'analyser les conditions de leur production.

Et d'abord, l'anarchie mentale ne résulte pas des mouvements rectilignes de la pensée humaine ; le fait
de passer du principe à la série illimitée de ses conséquences, des prémisses à la conclusion, constitue
certainement un mouvement, mais ce mouvement n'engendre aucune anarchie dans la conscience qui en est le
siège. La succession des états intellectuels de l'humanité
dans leur ordre de développement historique ou chronolo-
gique, quoique irrégulière et sans loi assignable, ne constitue pas non plus un facteur d'anarchie ; s'il était vrai que
les « trois États » d'Auguste Comte se fussent succédé,
la conscience sociale n'eut été anarchique à aucun moment
de son évolution, ni dans sa phase théologique, ni dans sa
phase métaphysique, ni dans sa phase positiviste, parce
qu'elle eut obéi dans chaque période à un seul et même
principe. Il ne saurait donc être question ici ni des mou-

vements déductifs, ni de ces autres mouvements qui constituent le progrès.

Mais il est un troisième mouvement des idées qui se produit au sein de la conscience sociale. Les trois États, théologique, métaphysique, positiviste, ont toujours coexisté et coexistent toujours au sein de la conscience collective malgré la prédominance passagère de l'un d'eux. Ce sont trois points de vue éternels d'où l'esprit humain peut envisager l'univers, et entre lesquels il oscille perpétuellement selon ses besoins et selon les aspirations du moment. Suivant qu'on envisage la totalité du cosmos, de vastes provinces de l'univers, ou de simples phénomènes, et qu'on veut en rendre compte, on devient fatalement théologien, métaphysicien, positiviste. Cette oscillation dialectique qui s'effectue aussi bien dans un sens que dans l'autre, qui affecte la conscience sociale aussi bien que la conscience individuelle, est le type des mouvements intellectuels dont il s'agit ici et qui seuls sont des facteurs de notre anarchie intellectuelle.

Imaginons un pendule d'abord au repos. Supposons que, sous l'influence d'une cause quelconque, d'un choc par exemple, il soit amené à abandonner sa position d'équilibre ; il décrit alors une série d'oscillations de part et d'autre de sa position initiale et ne revient au repos que lorsque le frottement continu de l'air environnant a épuisé sa force vive. Un mouvement rythmique du même genre, mais beaucoup plus complexe en raison même de la complexité supérieure du milieu où il se produit, apparaît au sein de tout organisme vivant ; les deux positions extrêmes de cette oscillation, sont la vie et la mort, avec des alternatives continues d'intégration et de désintégration qui aboutissent à l'un ou l'autre de ces termes définitifs. Tous les corps sonores ou lumineux sont eux-mêmes le siège d'une infinité de mouvements vibratoires, imperceptibles à l'œil, mais qui n'en sont pas moins réels, et que nous saisissons dans leurs effets généraux. En économie politique, Proudhon nous enseigne, que « la valeur parvient à sa détermination positive par une suite d'oscillations entre l'offre et la demande »; et J. B. Say nous apprend à son tour que « la proportionnalité des valeurs, la justice, se manifeste dans la société par un mouvement oscillatoire entre la valeur d'utilité et la valeur d'échange ».

Ces mouvements d'oscillation qui se produisent dans l'espace et dans le milieu social, sont le symbole matériel très exact de l'oscillation des principales idées directrices de la conscience moderne. Des mouvements oscillatoires tout à fait analogues, prennent naissance dans l'esprit moderne, dès qu'il vient à penser une de ces idées fondamentales qui, sans avoir de contenu expérimental et positif, n'en sont pas moins présentes en lui et agissantes. Ces mouvements sont idéaux, c'est-à-dire qu'ils ne tombent sous aucun de nos sens ; mais ce caractère ne leur enlève rien de leur réalité.

Bien au contraire ; c'est par une expérience toute psychologique qu'ils nous sont révélés ; l'observation psychologique n'étant point soumise à la question préalable de l'objectivité comme nos expériences physiques ou astronomiques, acquiert par là même une certitude supérieure à celle de toute autre constatation expérimentale.

Les mouvements dont nous traitons n'ont donc pas les caractères d'une évolution, d'un progrès rectiligne indéfini. Ce sont des mouvements dialectiques oscillatoires, par lesquels la conscience sociale ou individuelle passe sans cesse, en vertu d'une force logique interne, d'une position thétique à une position antithétique, symétrique de la première. « L'esprit est ballotté comme un pendule », telle est la formule qui résume le mieux les caractères des mouvements que nous avons en vue et dont nous voulons essayer la coordination. Eux seuls, par leurs combinaisons, engendrent le phénomène de l'anarchie intellectuelle comme nous l'établirons dans la suite. S'il n'était prématuré d'en vouloir donner dès à présent quelque notion, nous ajouterions, que ces mouvements sont essentiellement fermés et réversibles, quoique continus ; ils présentent trois phases fondamentales dont deux extrêmes et une intermédiaire. En leur premier moment, ces mouvements correspondent à une position de thèse, à un acte de foi, à une certaine exaltation mystique ou idéaliste ; l'esprit humain fait alors un effort audacieux, téméraire, pour surmonter sa relativité naturelle, pour se surpasser et concevoir la limite idéale de tous ses concepts, c'est-à-dire l'Absolu. En leur dernier moment, au contraire, ou point d'arrêt, ces mouvements correspondent à une sorte de désespoir empiriste de l'esprit qui se sature de relativité ; il se nie en tant qu'activité pure et autonome ; il se rend esclave du phénomème et s'absorde dans la contemplation exclusive des minuties de l'expérience positive. Quant au moment intermédiaire de ces mouvements, il correspond à la synthèse ; l'esprit prend, vis-à-vis des choses, une attitude intermédiaire entre le point de vue idéaliste de « l'éternité » ou de l'absolu, et le point de vue empiriste ou relativiste.

Des mouvements intellectuels se produisent au sein de la conscience individuelle ou sociale : parmi ces mouvements il en est d'oscillatoires qui concourent seuls à produire l'anarchie mentale caractéristique de l'esprit moderne ; telle est notre première constatation expérimentale, et la base sur laquelle nous ferons porter désormais toute la théorie.

III

Mais, à quel moment et sous l'influence de quelles causes se produisent ces mouvements oscillatoires ? Sont-ils partout et toujours présents au sein de la conscience contemporaine ?

Dans le monde matériel, tout phénomène de mouvement a lieu sous l'influence d'une cause, la force ou l'énergie. Partout où des forces se trouvent répandues, partout doivent exister des mouvements correspondants, à la seule condition que ces forces ne soient pas de sens contraire, et ne contrarient pas ou n'annulent pas réciproquement leurs effets.

Il se passe quelque chose d'analogue dans le domaine de la pensée. La condition fondamentale de la production de ces mouvements est la présence d'une activité mentale, d'un esprit vivant se développant suivant ses lois naturelles.

Qui pourrait nier la réalité et l'universelle présence parmi nous, d'une activité dialectique très puissante, suscitant sans cesse de nouvelles manifestations intellectuelles, de nouvelles idées, de nouvelles théories, un nouvel idéal, comme la force cosmique produit sans cesse de nouvelles formes vivantes ? Loin de s'épuiser dans son expansion, cette activité semble même au contraire se féconder par cette dépense intense d'énergie, comme se fécondent et se développent les cellules de l'organisme qui fournissent un effort continu.

Elle est plus particulièrement présente dans le cerveau de quelques penseurs d'élite comme la force cosmique semble aussi s'être concentrée en certains points particuliers de l'univers. Tous les esprits y participent à des degrés divers ; mais elle n'est dans toute sa plénitude qu'au sein de la conscience collective d'où elle rayonne sur les consciences individuelles. Partout où elle agit, naissent des mouvements dialectiques rectilignes, c'est-à-dire des raisonnements logiquement déduits de principes posés ; mais aussi des mouvements oscillatoires qui entraînent l'esprit collectif ou individuel de l'affirmation à la négation, de la thèse à l'antithèse, d'un système à un autre système.

Essayons d'analyser le mécanisme logique suivant lequel ces phénomènes se produisent.

L'activité dialectique de l'esprit se développe constamment sous deux formes corrélatives : sous forme affirmative, dogmatique, positive et sous forme antithétique et négative. Personne n'a plus insisté que Hegel sur cette évolution dichotomique de l'esprit ; il est seulement à regretter qu'il ait trop souvent envisagé des mouvements artificiels et purement fantaisistes des notions de l'esprit humain. Essayons d'exprimer ce phénomène d'une façon plus positive et de le ramener à un simple fait d'observation.

Les produits de cette activité intellectuelle sont nos idées. Or, parmi les idées, il en est qui sont positives et impliquent une affirmation : telle est l'idée de liberté, par exemple. D'autres sont négatives ou tout au moins restrictives des premières comme l'idée de nécessité; elles impliquent une négation, une restriction correspondante.

De plus, chacune de ces idées, (nous ne parlons ici que des états complexes de la conscience, des idées directrices et génératrices de la pensée et de l'action qui ont une valeur sociale) a une certaine force d'expansion spécifique, en vertu de laquelle elle fait effort pour accaparer la conscience toute entière à son profit; pour l'occuper à l'exclusion de toute autre et y développer librement la série indéfinie de ses conséquences logiques et pratiques. Par une force d'expansion analogue à celle des gaz, une idée quelconque, ou un système d'idées, tend à absorber et à remplir toute l'enceinte idéale qui lui est offerte. Bien plus : comme un organisme dévore le microbe qui entrave ses fonctions vitales, l'idée tend sans cesse à annuler, ou à s'assimiler par une espèce de phagocytose, les tendances antagonistes ou contradictoires qui contrarient ses mouvements et qui gênent le développement intégral de ses ramifications logiques. Tout état intellectuel, qu'il soit positif ou négatif, thétique ou antithétique, accapare, emplit de ses conséquences la conscience qui lui est offerte, s'y étale comme la plante de serre pousse ses racines dans tout l'espace restreint qui la nourrit, et même tend à accaparer à son profit toute tendance contraire.

Mais si, d'une part, chaque idée possède une force d'expansion spécifique ; si d'autre part, il existe au sein de notre conscience personnelle, aussi bien que dans la conscience collective, des idées positives et des idées négatives, il doit nécessairement résulter de là, une véritable compression entre nos idées, une lutte pour l'occupation et l'accaparement exclusif de l'enceinte idéale où elles se meuvent. D'où des antagonismes chroniques, des balance-

ments de forces, et par conséquent de perpétuelles ruptures d'équilibre intellectuel au sein de la conscience
moderne. D'où, production continue de mouvements
idéaux ; écoulement constant d'états de conscience ; substi-
tutions, changements, évolutions, différenciations intégra-
grales ou partielles ; d'où enfin, anarchie mentale, comme
nous allons l'établir tout à l'heure.

Nous venons de constater empiriquement, en consul-
tant les seules données de la conscience, une rupture
d'équilibre mental, partout où se trouve présente une certaine activité dialectique. Nous pourrions l'établir aussi *a
priori* et confirmer par la déduction, les résultats de
l'expérience et de l'induction.

Ce procédé de développement de notre organisme
mental est en effet universel et nécessaire. Il est imposé à
la nature aussi bien qu'à l'esprit vivant. Toute activité,
de quelque ordre qu'elle soit, a besoin pour accomplir
son évolution, de se différencier sans cesse ; **de se nier**
intégralement ou partiellement en tant que forme actuelle,
pour se poser sous une forme progressive. Un esprit qui
s'arrêterait dans l'un de ses modes et s'y cristalliserait
serait une activité éteinte. L'esprit actif, robuste, vigoureux, l'esprit producteur est en même temps novateur et
initiateur ; incessamment, il produit des ruptures d'équilibre au sein de la conscience sociale ou individuelle, et
partant des mouvements d'idées. La plus grande utopie,
peut-être, de la psychologie, a été de croire que l'esprit
pouvait développer son contenu suivant l'identité, et de
considérer nos états mentaux à l'état statique, non à l'état
dynamique. La condition même de l'existence de la conscience individuelle est la permanence de la différenciation de ses états ; il en est de même de la conscience collective qui n'en diffère que par l'amplitude de ses oscillations et par la puissance de ses mouvements.

En résumé, une double condition fondamentale est
nécessaire, pour que des oscillations se produisent au sein
de la conscience collective ou individuelle : d'abord la

présence d'un esprit vivant ; et ensuite son évolution sous
forme antithétique. Cette évolution entraîne une constante
rupture d'équilibre des éléments intellectuels, et partant
un mouvement oscillatoire qui dure tant que l'activité
productrice ou la force dialectique agit sur l'esprit et
l'entraîne vers de nouvelles déterminations de ses concepts et de nouvelles interprétations de l'univers.

Nous touchons ici au phénomène de l'anarchie intellectuelle et l'on doit commencer d'en entrevoir le mécanisme simplifié. L'anarchie mentale, en effet, résulte précisément d'une interférence de mouvements vibratoires
dans la conscience collective ou individuelle. Ce phénomène qui nous apparaît à une inspection sommaire comme
une confusion inextricable d'idées contradictoires, est au
fond, le résultat de certaines oscillations dialectiques de
nos idées, de nos concepts et de nos méthodes.

Cette thèse, au premier abord, présente une apparence
légèrement paradoxale ; mais, outre qu'elle se trouvera
complètement vérifiée par l'ensemble des analyses suivantes, elle est provisoirement vérifiable *a priori*. En effet,
tout mouvement d'états intellectuels au sein de la conscience, a par lui-même un certain caractère anarchique
en ce qu'il rompt et détruit toute forme de fixité et
d'unité. Tout mouvement, en effet, n'est-il pas changement, succession, différenciation continue de formes ? Et
qu'est-ce qu'un changement, au sein de la conscience,
sinon une rupture continue d'identité et d'unité, et par
conséquent un facteur d'anarchie ? L'esprit est mis en
mouvement sous l'influence d'une force logique irrésistible ; il est poussé vers de perpétuelles transformations,
semblable à l'animal où à la plante, sans cesse rejetés
hors d'eux-mêmes dans de nouvelles individualités.

Ces mouvements, de plus, sont des mouvements oscillatoires, par lesquels l'esprit passe d'une position positive
de ses concepts, à une position diamétralement opposée,
symétrique et antithétique par rapport à la première. Il
est donc aisé de concevoir combien nous avons raison de
parler d'un pouvoir anarchique de ces mouvements et

aussi combien il est juste de rapporter les états anarchiques
de la conscience collective ou individuelle à des interférences de mouvements vibratoires.

Que le lecteur, d'ailleurs, veuille bien se contenter d'une
simple vraisemblance pour l'instant, et nous faire provisoirement crédit d'une justification complète que nous lui
fournirons dans l'ensemble des chapitres suivants.

IV

Nous connaissons d'une façon générale la nature et
les conditions d'un régime intellectuel anarchique. Il
serait opportun, afin de compléter l'analyse abstraite de
ce mécanisme, de nous enfoncer plus avant, et de déterminer, *in abstracto*, les variations possibles de l'anarchie intellectuelle, en même temps que de définir les
causes principales de ces variations, sans toutefois entrer
encore dans l'étude concrète de ce phénomène.

Nous venons de poser que l'état anarchique d'une
conscience, dépend de certains mouvements vibratoires de
ses notions fondamentales. Il est probable et même évident
a priori, que le degré de cette anarchie mentale dépend en
premier lieu de la vitesse de l'oscillation, c'est-à-dire, de
la rapidité avec laquelle la conscience passe d'une position positive de ses concepts à une position négative, de
la thèse à l'antithèse correspondante. Il y a des esprits à
évolution lente qui parcourent la trajectoire des doctrines
d'un mouvement dialectique insensible, tandis qu'il en est
d'autres à évolution rapide, pour qui la thèse et l'antithèse
sont sans cesse présentes devant leurs yeux, et qui parcourent le cycle des idées et des théories, avec une grande
vitesse. Un esprit comme celui de Renan, dans une
constante fermentation, sans cesse obsédé et halluciné
par l'idée avec ses deux faces connexes, négative et positive, est évidemment le siège d'un mouvement dialectique
beaucoup plus rapide que celui qui se produit dans l'esprit
lourd et épais d'un béotien. Sa conscience se maintiendra

aussi dans un degré anarchique plus avancé, parce qu'en elle se trouveront unis des éléments contradictoires et se produiront sans cesse des balancements rythmiques de la thèse à l'antithèse.

Ce qui est vrai d'une conscience individuelle, l'est aussi pour la conscience collective. Il est incontestable que des vibrations d'une extrême fréquence se produisirent au sein de la conscience nationale au XVIIIe siècle, mais surtout au XIXe ; et que ce sont des signes non équivoques d'une anarchie intellectuelle très prononcée. Tandis que la faible fréquence des oscillations de la conscience médiévale, rivée à une doctrine et à un moment de ses concepts, la maintint longtemps dans un état d'unité relative et de puissante concentration.

Variant avec la fréquence de l'oscillation, l'état anarchique d'une conscience doit varier aussi en fonction du nombre de vibrations qui s'y produisent. Théoriquement, il y a autant de vibrations possibles qu'il existe d'états intellectuels de la conscience individuelle ou sociale. Seulement, en réalité, il subsiste toujours quelques concepts indéfiniment fixes pour un esprit donné ; quelques idées qui ne correspondent qu'à une seule valeur déterminée, et qui, par conséquent, n'entrent jamais en vibration. Une conscience, renseignée sur la totalité du mouvement intellectuel de l'humanité, qui embrassera aussi bien les fluctuations de la notion d'absolu, de droit, de devoir, que celles de la notion de vérité, de liberté, de patrie, etc.., et qui s'abandonnera sans résistance à ces mouvements rythmiques, réalisera évidemment un degré d'anarchie mentale plus élevé qu'une conscience peu riche et peu critique, condamnée par l'éducation ou la tradition à n'apercevoir qu'une des phases du concept et à ignorer la multitude des doctrines et des valeurs possibles de ses idées.

Plus une conscience admettra d'oscillations, plus elle accroîtra le degré de son anarchie intellectuelle. Étant donnée cette loi, il serait facile de reconstruire mentalement tous les cas intermédiaires qui peuvent se présenter, et de concevoir une sorte de progression systématique des diverses valeurs réalisables par une conscience quelconque.

Enfin, l'état anarchique d'une conscience doit varier avec l'amplitude de ses vibrations mentales. Une oscillation complète et d'amplitude maximum, va de la thèse à l'antithèse correspondante, d'une position positive à une position négative symétrique de la première, de l'affirmation à la négation radicale, en parcourant une infinité de points intermédiaires. Mais, si théoriquement une oscillation intellectuelle peut avoir une telle amplitude, elle est loin la plupart du temps de l'atteindre ; elle ne se produit jamais dans des conditions idéales, mais bien dans une conscience réelle où abondent souvent des causes d'arrêt du mouvement vibratoire, comme nous le constaterons dans l'étude concrète du phénomène. Au lieu d'osciller de la négation radicale de l'absolu à la thèse idéaliste qui affirme un absolu réel et, actuel, certains penseurs, épouvantés d'un tel bond, se contentent de vibrer timidement de la doctrine de Spencer ou de Hamilton à celle de Kant, par exemple, entre lesquelles n'existe qu'un petit intervalle et qui sont des moments peu différenciés d'un même concept. Il peut se produire des différences analogues d'amplitude, souvent subtiles et presque imperceptibles, à propos de chacun de nos différents concepts. Mais toujours, plus la trajectoire parcourue sera grande, plus sera accentuée l'anarchie intellectuelle, et réciproquement. A la limite, lorsque l'amplitude sera maximum et que nos idées accompliront leur oscillation intégrale, nous aurons le maximum possible d'anarchie intellectuelle ; nous aurons, au contraire, un minimum d'anarchie, ou l'état d'unité mentale, lorsque cette amplitude sera nulle.

Essayons de synthétiser ces résultats dans une analyse d'ensemble. Par une fiction psychologique, dont use couramment la science en faisant provisoirement abstraction des conditions réelles des phénomènes, imaginons une conscience élémentaire réduite à un seul principe, la conception spiritualiste de l'absolu par exemple. En vertu d'un certain pouvoir d'expansion qui lui est propre, ce principe développera, puisque par hypothèse aucun obstacle ne l'en empêche, la série indéfinie de ses conséquences directes. Mais, suscitons contre cet état intellectuel, le système d'objections qui en démontrent l'impossibilité psychologique et l'illogisme interne : (objections agnosticistes, objections de Kant, de Spencer, de Hamilton, des positivistes, des matérialistes etc., que nous nous dispenserons de rééditer ici). Qu'arrivera-t-il ? Une nouvelle détermination de l'absolu se développera dans la conscience collective, faisant suite à la précédente, sans que toutefois la première disparaisse. Deux systèmes de conséquences au lieu d'un, iront désormais s'irradiant au sein de la conscience collective, produisant des répercussions jusque dans l'action et dans la conduite privée. Nous venons de créer ainsi un mouvement antinomique, entraînant à sa suite une infinité de vibrations élémentaires de nos autres états de conscience. Laissez agir l'esprit critique, ou, simplement, laissez s'accomplir librement l'évolution dialectique de la notion d'absolu ; il arrive fatalement un moment, où, sans cesse poussée vers de nouvelles déterminations sous l'influence irrésistible d'une force· logique interne, elle atteint sa position limite : ayant parcouru sa trajectoire complète, elle oscillera à présent d'une façon monotone de la thèse à l'antithèse, entraînant derrière elle des systèmes nombreux et complexes de conséquences contradictoires ou, tout au moins, divergentes. Contemplons les phases mentales parcourues. D'abord, un seul principe concentré en lui-même, donnant lieu à un système de conséquences convergentes. Résultat correspondant : état de monoïdéisme, absence de vibration mentale, unité complète de pensée, minimum anarchique. En second lieu, dualité de principe résultant d'une différenciation, d'une bipartition du principe initial : d'où, commencement d'évolution dialectique, oscillation de faible amplitude entraînant une première discordance de conséquences, et, en définitive, anarchie intellectuelle relative. Enfin, multiplicité de principes, évolution antinomique complète, oscillation intégrale de la notion entraînant une multitude de vibrations élémentaires. Résultat : anarchie intégrale de la conscience en question.

Répétons la même analyse pour chacune des notions de la conscience collective qui sont susceptibles d'une évolution dialectique analogue. Combinons les phases correspondantes de ces diverses évolutions ; nous tenons désormais toute la théorie abstraite du mécanisme par lequel se produit et se développe l'état d'anarchie intellectuelle. Nous sommes armés d'un instrument de systématisation pour descendre dans le domaine des faits concrets ; nous sommes en mesure désormais d'envisager le fonctionnement de ce mécanisme, non plus à vide, mais avec toutes ses complications pratiques, dans la réalité vivante de la conscience contemporaine.

V

Si nous passons de ces généralités abstraites qui seront comme la trame de nos inductions ultérieures, à l'étude concrète des mouvements intellectuels qui se produisent au sein de la conscience moderne, nous sommes frappés de l'existence de trois oscillations fondamentales. Ces oscillations, nettement caractérisées, contiennent, englobent et expliquent toutes les vibrations secondaires de notre pensée, dont l'ensemble engendre le phénomène original de l'anarchie intellectuelle.

La première de ces vibrations dialectiques est un mouvement d'oscillation des modes généraux d'explication de l'esprit moderne. Nous passons sans cesse, par une sorte de fatalité logique ou organique, d'un mode d'explication concentré et uniforme, à un mode d'explication dispersé et multiforme.

La seconde, centre puissant d'anarchie, est un mouvement d'oscillation par lequel l'esprit passe continuellement d'une interprétation idéaliste de ses idées générales à une interprétation nominaliste, en traversant une phase intermédiaire, dite conceptualiste.

La troisième, enfin, est un mouvement oscillatoire et rythmique, par lequel les idées directrices de l'humanité, en vertu d'une nécessité constitutive de notre nature, évoluent d'une position positive à une position symétrique, antithétique et contradictoire par rapport à la première, en parcourant une série de déterminations intermédiaires d'un mouvement plus ou moins régulier et plus ou moins rapide.

On pourrait ramener à l'unité ces trois oscillations fondamentales de la conscience moderne, où rentrent toutes les fluctuations secondaires de la pensée collective contemporaine. Elles constituent elles-mêmes, trois modes d'une même oscillation générale : l'oscillation continue et nécessaire de l'esprit, d'un point de vue fortement concentré, intégré, uniforme, homogène et unifié dans lequel il cherche à se rendre compte des ensembles, à un point de vue dispersé, désintégré, hétérogène, multiforme, où il dissipe son attention sur les poussières des phénomènes particuliers et des microscopiques détails de la nature.

L'étude de ces trois mouvements oscillatoires, chacun à part, constituera ce que nous avons appelé la « dynamique mentale » ; les lois de combinaison et de composition de ces trois oscillations constituera la « statique mentale » ou étude de l'anarchie intellectuelle elle-même, et des conditions d'équilibre de la conscience contemporaine.

CHAPITRE II

DU MOUVEMENT D'OSCILLATION
DES MODES GÉNÉRAUX D'EXPLICATION DE
L'ESPRIT MODERNE

SOMMAIRE. — I. Le premier facteur de l'anarchie intellectuelle. — II. Les trois phases principales de l'oscillation méthodique au sein de la conscience moderne. — III. Cette oscillation fondamentale, centre de vibrations intellectuelles.

I

Lorsque le physicien analyse le mouvement oscillatoire d'un pendule, il commence par envisager la position initiale du mobile et les forces qui agissent sur lui à son point de départ ; puis, le suivant à travers sa course, il répète la même observation et les mêmes déterminations pour sa position verticale, et enfin pour une position symétrique de la première. Il a soin, en outre, de marquer la continuité de ce mouvement et les transformations de forces qui s'accomplissent pendant une oscillation complète.

C'est également un mouvement d'oscillation que nous avons à analyser dans le présent chapitre. A l'exemple des physiciens, nous devrons parcourir les trois phases principales de l'oscillation intellectuelle, en ayant soin autant que possible, de relier les diverses phases de ce mouvement, et de montrer la continuité idéale de ses divers moments.

La première oscillation mentale, qui constitue l'un des facteurs fondamentaux de l'anarchie intellectuelle, nous l'avons déjà énoncée dans le chapitre précédent : c'est une oscillation des procédés généraux d'explication de l'esprit contemporain.

Les modes d'explication de l'univers sont infiniment nombreux, si l'on veut pénétrer dans les particularités spécifiques des méthodes, et envisager tous ceux qui ont successivement été employés par l'esprit humain dans le cours des âges. Mais ils se réduisent en définitive, si l'on tient compte de l'élimination progressive de certains modes surannés d'explication (modes mythologiques dans l'antiquité, scholastique du moyen âge, mathématique chez Pythagore etc.), à trois principaux. Entre eux seuls, oscille perpétuellement la conscience moderne, sans parvenir à découvrir une raison péremptoire de se borner définitivement à l'un d'entre eux.

Le premier procédé, plus spécial aux esprits religieux de ce siècle, sans que toutefois ils puissent s'y tenir exclusivement, est un mode d'explication essentiellement synthétique et transcendant. Il consiste à rapporter toutes les manifestations de l'existence à l'action d'un premier principe, Dieu ou l'Absolu. Le second, relativement synthétique, est particulier à tous les esprits modérés, qui, sans oser s'élancer jusqu'au principe inconditionné de toutes choses, éprouvent cependant le besoin d'une certaine coordination des phénomènes naturels. Il consiste à expliquer des groupes généraux de phénomènes par des symboles abstraits, des entités rationnelles ; ces symboles composent ainsi l'unité d'une multiplicité, et font de la connaissance une architecture équilibrée et harmonieuse. Le troisième procédé, essentiellement analytique et parcellaire, consiste à expliquer toutes choses dans la nature, par leurs antécédents ou causes immédiates ; il ne s'élève pas dans la synthèse au-dessus d'un système de lois hétérogènes, correspondant chacune à des groupes restreints de phénomènes.

Auguste Comte, que l'anarchie intellectuelle à beaucoup

préoccupé, mais qu'il n'a point étudiée d'une façon spéciale ni systématique, reconnaissait déjà, dans cette première oscillation de la conscience moderne, un facteur puissant de désordre et de conflits théoriques : « Le désordre actuel des intelligences, dit-il, (*Cours*, 1re leçon) tient en dernière analyse, à l'emploi simultané des trois philosophies radicalement incompatibles : la philosophie théologique, la philosophie métaphysique et la philosophie positive. Il est clair, en effet, que si l'une quelconque de ces trois philosophies obtenait une réalité, une prépondérance universelle et complète, il y aurait un ordre social déterminé, tandis que le mal consiste surtout dans l'absence de toute véritable organisation. C'est la coexistence de ces trois philosophies opposées qui empêche absolument de s'entendre sur aucun point essentiel ».

Que cette coïncidence de point de vue, n'aille pas abuser le lecteur, et lui faire croire à la similitude ultérieure de nos conclusions. Nous nous servons de l'autorité de Comte, parce qu'elle s'offre à nous en cette circonstance ; cela ne veut pas dire que nous concevons l'oscillation des méthodes dans la conscience moderne selon sa loi des trois états, ni que nous attribuons à l'anarchie intellectuelle, le même aboutissement et la même issue. Sur bien des points, nous nous séparons radicalement de son opinion, quoique, souvent aussi, dans ce chapitre, nous soyons obligé de la cotoyer. Auguste Comte, en effet, ne, nous semble pas avoir très exactement ni adéquatement caractérisé chacun des trois modes d'explication qui se partagent la conscience moderne. Il a souvent confondu la méthode théologique proprement dite avec la méthode métaphysique ; et celle-ci, à son tour, il l'a identifiée avec le mode d'explication scholastique qui est loin de la constituer tout entière, à supposer même qu'il fasse véritablement partie d'une métaphysique rationnelle. En second lieu, il s'est placé à un point de vue tout historique ; il a pris pour une loi du développement intellectuel de l'humanité, une oscillation, un mouvement mental qui s'est produit de tout temps au sein de la conscience collective ou individuelle, qui se produit encore aujourd'hui, et qui se produira même dans le plus lointain avenir, parce qu'il n'est point un résultat contingent de causes contingentes, mais le résultat nécessaire de causes nécessaires et permanentes. « L'esprit humain, dit-il, par sa nature, emploie successivement dans chacune de ses recherches trois modes de philosopher dont le caractère est essentiellement différent et même radicalement opposé » ; c'est simultanément qu'il aurait fallu dire selon nous, et ce « simultanément » était impliqué par « la nature même de l'esprit humain ». « De là, trois sortes de philosophies ou de systèmes généraux de conceptions sur l'ensemble des phénomènes, ajoute-t-il, qui s'excluent mutuellement ». Nous croyons, au contraire, qu'ils s'impliquent et qu'ils constituent trois moments solidaires de notre point de vue sur l'univers, comme cela deviendra clair par la suite. « Chacun de nous, dit-il, enfin, en contemplant sa propre histoire, ne se souvient-il pas qu'il a été successivement, quant à ses notions les plus importantes, théologien dans son enfance, métaphysicien dans sa jeunesse et physicien dans sa virilité ». Nous sommes d'avis, et en cela nous sommes en parfait accord avec tous les critiques de la loi des trois états, que les trois modes d'explication, théologique, métaphysique et positiviste, furent toujours, et sont encore aujourd'hui immanents à l'esprit, parce qu'ils forment sa structure intime et inéluctable. Ces trois modes de philosopher ne se sont pas développés successivement ; ils ont toujours coexisté dans la conscience sociale ou individuelle, malgré la prédominance temporaire de l'un ou de l'autre ; ils sont même appelés dans l'avenir à se développer simultanément au sein de la conscience humaine.

Enfin, au lieu de présager une ère de positivité universelle, guidés par les tendances mêmes de la pensée contemporaine et par l'avis des plus profonds penseurs, nous serons amenés à concevoir une ère de synthèse, de conciliation, d'équilibre mental et d'universelle compréhensibilité, comme terme de notre déséquilibre actuel.

Ce n'est pas au profit d'une méthode, ni d'un régime, ni d'une idée, que s'accomplira l'évolution intellectuelle ; mais au profit de leur totalité et de leur synthèse.

Ces divergences suffisent pour différencier notre pensée d'avec celle d'Auguste Comte ; attendu surtout, qu'à ce premier facteur d'anarchie intellectuelle, seul entrevu par lui, nous en ajouterons deux autres, aussi fondamentaux, et non moins féconds.

Ces prémisses posées, afin de prévenir, dès le début, toute confusion, engageons nous dans l'analyse du premier mouvement oscillatoire de la conscience moderne. Nous obtiendrons ainsi une donnée essentielle du problème à la fois psychologique et sociologique que nous nous sommes posé, et l'un des facteurs les plus importants qui contribuent à produire dans la conscience collective et individuelle le phénomène de l'anarchie intellectuelle.

Suivant le procédé employé par les physiciens, nous analyserons d'abord le premier moment de ce mouvement ; puis le moment intermédiaire, puis le moment limite, en ayant soin de marquer la continuité de ces trois positions de l'esprit, et de nous guider toujours dans nos déterminations, sur l'observation exclusive de la conscience contemporaine.

II

Dans sa première phase, la conscience moderne est théologique. Auguste Comte caractérisait cet état de la façon suivante dans la première leçon du Cours : « Dans l'état théologique, disait-il, l'esprit humain dirigeant essentiellement ses recherches vers la nature intime des êtres, les causes premières et finales de tous les effets qui le frappent, en un mot, vers les connaissances absolues se représente les phénomènes, comme produits par l'action directe et continue d'agents surnaturels plus ou moins nombreux, dont l'intervention arbitraire explique toutes les anomalies apparentes de l'univers ».

Dépouillé de toute forme ancienne désormais disparue, réduit à ses limites actuelles, et ramené à son noyau philosophique, le mode d'explication théologique consiste essentiellement dans l'usage d'un principe transcendant pour la compréhension et l'explication de l'univers. Peu importe que ce principe soit conçu comme une personnalité consciente et agissante, suivant le mode des religions ; ou, comme une force obscure et inconsciente, suivant le panthéisme allemand ; ou, comme une essence ineffable suivant le mysticisme. L'essentiel c'est qu'il soit absolu, unique, inconditionné, antérieur à toute existence, éternel, et qu'il puisse servir comme principe d'explication universelle. Essayons d'entrer plus avant dans sa définition.

Au lieu de chercher dans leurs conditions immédiates et perceptibles, la cause des phénomènes, l'esprit théologique, encore vivant parmi nous, et même d'une vie très intense dans certains replis de la conscience collective, fait effort pour s'élever au-dessus du particulier et du contingent, pour surpasser le relatif et atteindre, dans une espèce de tension mystique, la cause surnaturelle et dernière de tous les mouvements de l'Univers, en même temps que sa raison d'être. Non content des causes matérielles immédiates et positives des phénomènes ; non content même d'une pluralité de principes tels que le mouvement, l'atome, la vie, l'intelligence, etc. ; il cherche un principe transcendant, surnaturel et universel. Que ce principe soit vivant dans la substance de l'univers, et diffus en elle, l'animant et la réchauffant de l'intérieur ; qu'il subsiste, dans une sphère immatérielle, d'une vie fermée et agisse comme un ouvrier sur la matière informe ; qu'il exerce simplement sur l'univers une attraction mysté·rieuse, dans laquelle il ne compromet point, par le contact des choses périssables, l'intégrité de sa perfection et de sa nature inaltérable, il est toujours, en définitive, de même nature et remplit la même fonction dans la connaissance.

Il unifie le savoir, supplée chez l'ignorant à la connaissance des causes immédiates, sert même d'explication toutes les fois que les causes positives sont absentes ou inconnues ; mais surtout synthétise et explique la chaîne indéfinie des causes naturelles.

Cette méthode d'explication est, comme on le voit, une réduction de toutes les existences à une cause suprême. Elle constitue un mode d'explication essentiellement universel et synthétique, embrassant toute réalité, et avec le secours duquel on peut rendre compte de toute existence, de tout événement cosmique, sociologique, historique et même psychologique. Ce principe qui doit rester « un » pour être vraiment théologique, opère la synthèse ultime et triomphante de l'homme et de la nature, du matériel et du moral, du physique et du mental, des sciences cosmologiques, biologiques, sociologiques et psychologiques.

Dans cette phase de la pensée, les sciences sont regardées uniformément comme des manifestations de l'Absolu et des domaines particuliers de la Science universelle. La fécondité de ce principe est illimitée : c'est le principe de toute intelligibilité, de toute existence, de l'ensemble de l'univers matériel. en même temps que de chacun des événements qui s'y produisent. Ces deux réalités, le monde et la pensée, ne sont que des produits de l'activité divine, ou des attributs de la divinité, comme dit Spinoza ; l'Absolu est le principe ultime par lequel les choses sont et sont connues.

Il est le centre idéal d'où émanent uniformément, comme les rayons lumineux émanent du soleil, tous les phénomènes ; depuis les plus grandioses et les plus immédiatement dérivés de l'action divine, ceux où, selon le langage théologique, on sent directement la main de Dieu ; jusqu'à ces phénomènes particuliers et insignifiants que nous ne songeons pas même à rapporter à leur cause et que nous mettons au compte du hasard. En un mot, la force d'expansion et la puissance d'explication de l'idée d'Absolu est infinie : elle s'étend à toute existence, elle englobe tout, elle unifie tout, les choses de la pensée et de l'existence.

Ce principe dispense l'esprit qui s'y élève, de la recherche des causes secondes pour l'explication du monde et de
ses modifications; celles-ci ne sont dans la phase théologique qu'un vain superflu, aliment grossier d'un empiris-
me étroit et de la technique. Une seule cause meut tout le
système de l'univers, et cette cause suffit à l'esprit pour
l'explication de toutes choses, parce que tout se rattache
à elle et s'y ramène. L'esprit pénétré de l'Absolu, peut
ignorer les conditions immédiates de la production d'un
phénomène, et laisser cette connaissance terre à terre
aux praticiens et aux manœuvres, pourvu que lui-même
sache la cause suprême.

Observez la conscience moderne, lorsqu'elle s'abandonne
au régime théologique, et qu'elle s'arrête au premier
moment de son oscillation méthodique. N'est-ce pas là son
état intellectuel ?   Dans les moments où la conscience
subit l'inspiration de la méthode théologique (et nous
avons tous de ces moments, quoiqu'ils prédominent dans
certaines intelligences), il ne vient point à l'idée de chercher la cause des évènements, des changements, des catas-
trophes, des révolutions dans leurs antécédents naturels,
physiques, sociologiques ou psychologiques, mais dans
l'unité de leur principe commun. Il est des esprits pour lesquels les explications relatives, multiples et spéciales
semblent de faible valeur ; et pour presque tous les esprits
un peu élevés, il est des moments où ils éprouvent un
besoin violent de synthèse, qui les amène fatalement
à quelque forme de l'explication théologique.

Nous n'avons pas à nous demander ici si le mode d'explication par l'Absolu remplit son but, ni s'il est légitime,
ni quelle est sa valeur théorique ou pratique. Il nous
suffit d'en connaître la nature et d'être assurés qu'il est
bien vivant au sein de la conscience moderne, soit collective, soit individuelle. Nous avons exclusivement à analyser un mouvement d'oscillation intellectuelle dans ses
diverses phases principales, sans mettre en question ses
causes, sa valeur, sa légitimité, son efficacité. Dépouillé
de toute intention critique, nous nous renfermons dans

l'observation stricte du phénomène psychologique et social, sans nous autoriser à le juger ni à rejeter aucune de
ses données, à l'exemple du physicien qui doit accepter
les données de l'expérience avec une entière soumission.
C'est pourquoi, nous allons nous permettre de poursuivre
sans arrêt l'analyse du premier mouvement oscillatoire de
la pensée moderne, sauf à revenir ensuite sur le système
de vibrations élémentaires qu'entraîne à sa suite ce mouvement fondamental.

L'univers existe en tant que totalité, en tant que cosmos, ou comme dirait Kant, en tant qu'intégralité d'une
série illimitée de causes. A ce titre, il exige un mode
d'explication théologique, c'est-à-dire par l'Absolu, qui
seul peut rendre compte de sa totalité, de sa masse, de sa
synthèse. Mais, l'univers présente aussi des parties, des
provinces distinctes, une hiérarchie d'éléments. Au-dessus
de la matière brute domine la vie ; au-dessus de la vie
elle-même plane l'esprit. Chacune de ces provinces à son
tour se subdivise en éléments plus particuliers encore :
la matière présente des phénomènes indéfiniment variés
de mouvement, des forces d'attraction et de répulsion,
des phénomènes de chaleur, de son, d'électricité, de ma-
gnétisme ; la vie présente une multitude de degrés
depuis la vie végétative jusqu'à la vie supérieure de
l'homme social. L'esprit comprend aussi des sphères
nombreuses : l'instinct, l'habitude, la mémoire, l'intelligence, la raison.

L'univers doit être envisagé sous ces nouveaux aspects
par tout esprit qui veut atteindre un certain degré de
spécialité dans ses explications et dans ses théories du
monde. Bien plus : cet aspect parcellaire du monde nous
est sans cesse imposé par la nature des choses ; après
avoir, dans la spéculation, envisagé le monde comme unité
et totalité, nous nous trouvons amenés par la force même
des choses, et par les nécessités de l'existence à détailler
le cosmos et à l'envisager dans ses grandes divisions et
ses éléments.

Ainsi, une sorte de déséquilibre interne réside au sein même du mode d'explication théologique. L'esprit se trouve entraîné hors de lui-même, et poussé vers de nouvelles formes ; il s'achemine progressivement et fatalement vers un mode d'explication moins transcendant, plus spécialisé et plus objectif. Nous pouvons l'appeler « mode d'explication métaphysique », à la condition de dire ce que nous entendons par là.

Par une désintégration et une désagrégation progressives, dont un esprit subtil, renseigné sur les nuances des systèmes, pourrait suivre toutes les étapes, le principe d'explication théologique essentiellement un, transcendant, universel et synthétique vient se résoudre en une pluralité de principes hétérogènes, immanents, purement abstraits, relativement synthétiques et relativement universels. Par leur moyen, l'esprit métaphysique prétend expliquer analytiquement les principales parties de l'univers, comme l'esprit théologique, prétendait expliquer synthétiquement son ensemble par la seule vertu de l'Absolu.

Sous le terme général de métaphysique, nous rangeons, comme on le voit par cette indication, toute spéculation émanée de la raison pure, qui s'élève au-dessus de la simple observation expérimentale et de la généralisation empirique ou loi positive, et qui tend par des concepts purs (matière, vie, étendue, mouvement, force, etc...) à pénétrer le fond et la substance intime des choses, sans oser toutefois s'élever jusqu'au premier principe, l'Absolu. Rapprochons en passant notre conception de celle de Comte : « Dans l'état métaphysique, dit-il, qui n'est aujourd'hui qu'une simple modification générale du premier, les agents surnaturels sont remplacés par des forces abstraites, véritables entités, abstractions personnifiées, inhérentes aux divers êtres du monde et conçues comme capables d'engendrer par elles-mêmes tous les phénomènes observés, dont l'explication consiste alors à assigner pour chacune l'entité correspondante » (*Cours*, 1ère leçon).

Reprenons, en leur donnant quelques développements, les caractères essentiels de cette phase moyenne de l'oscillation méthodique. L'observateur peut à tout instant en suivre le rythme dans la conscience moderne.

Et d'abord, avons-nous dit, le mode d'explication métaphysique est une désintégration du procédé théologique. Celui-ci consistait à rattacher et à attribuer toute modification soit physique soit morale, survenant dans l'univers, à l'action constante d'une puissance surnaturelle, ou, tout au moins, d'un principe intérieur au monde. A cette unité causale, la spéculation métaphysique substitue une pluralité de principes ; dès ce second moment de la méthode, l'esprit éprouve le besoin de diviser sa matière pour la comprendre, et de séparer le tout de la théologie en divers domaines, encore très vastes à la vérité (étendue et esprit, matière et pensée, force, vie, âme, etc), mais qui dénotent déjà cependant un certain degré de spécialisation. Remarquons, en outre, que le mode d'explication métaphysique est lui-même le siège d'une ocillation élémentaire, qui peut l'amener d'un degré peu avancé de spécialisation à un degré très avancé. Il rejoint ainsi le mode d'explication positiviste ; grâce à cela même est assurée la continuité de l'oscillation méthodique. Chacun des principes fondamentaux dont se sert la métaphysique pour l'explication du monde (étendue et pensée, par exemple), peut, en effet, par une bipartition analogue à celle qui se produit au sein même du principe théologique, se résoudre à son tour en une pluralité de principes secondaires à la fois plus particuliers et plus spéciaux (espace, temps, mouvement, force d'un côté ; âme, conscience, intelligence, sensibilité, volonté de l'autre).

La méthode métaphysique résulte d'un commencement de spécialisation de l'intelligence humaine et de ce besoin vraiment organique d'un esprit plus avancé, de diviser le Tout de l'univers en ses parties fondamentales et de substituer, à une explication globale, sommaire et synthétique, un mode d'explication un peu plus analytique et plus spécialisé.

Cette spécialisation croissante entraîne une objectivité croissante du mode d'explication métaphysique par rapport au précédent. Le mode d'explication théologique, en effet, est tout subjectif et *a priori*. Au lieu de se fonder sur l'expérience, comme le fait déjà l'explication métaphysique dans une certaine mesure, l'explication théologique est un procédé de l'esprit pur, ou, comme dirait Kant, d'une certaine « faculté architectonique » qui est en nous ; elle est le résultat de certaines tendances logiques subjectives, qui inclinent l'esprit à rechercher l'intégralité d'une série de causes relatives et le principe inconditionné, seul capable d'opérer l'unification absolue du savoir.

Le mode d'explication métaphysique, au contraire, sans en appeler directement à l'expérience et sans se fonder exclusivement sur l'observation, ne la dédaigne pas au même point et ne s'en éloigne pas autant que la théologie soit spiritualiste, soit panthéiste. Il n'est ni un produit de la pensée pure, ni un produit de l'observation pure : mais un produit intermédiaire, résultant de la composition à peu près en proportion égale d'éléments subjectifs empruntés à l'esprit, et d'éléments objectifs dérivés de la contemplation du monde extérieur. Cela est tout à fait évident au simple examen des principes dont se sert la spéculation métaphysique pour l'explication des choses (force, étendue, matière, mouvement, vie, etc...).

Ainsi, résolution de l'unité causale en une multiplicité causale relative ; de l'à priorisme absolu en un à priorisme relatif ; tel nous paraît être le changement fondamental qui s'accomplit dans l'évolution de la méthode. N'oublions pas que ce changement ne s'effectue jamais brusquement, mais à travers toute une série d'intermédiaires dont nous nous abstiendrons de rétablir ici la continuité, parce que nous serions obligé de sacrifier cette clarté et cette simplicité que nous tenons à conserver à notre analyse.

Personne d'ailleurs, ne saurait douter sérieusement de la continuité de ces deux modes d'explication. Auguste

Comte lui-même la reconnaissait. C'est par une différenciation et une désintégration insensibles du régime théologique que se substitue à lui, dans la conscience collective ou individuelle, le régime métaphysique proprement dit. Il n'y a pas solution brusque de continuité de l'un à l'autre, mais évolution. Que les principes d'explication métaphysique se concentrent, s unifient ; que l'absolu au contraire se dilate, se subdivise, se désagrège, incline vers la multiplicité et les deux régimes se rejoignent. Nous en sommes heureux, pour la justification de notre thèse ; car cela montre qu'il s'agit bien d'une véritable évolution, d'une véritable oscillation idéale, dans laquelle on peut discerner trois phases principales, quoique en réalité cette oscillation se développe d'une façon continue et comprenne une infinité de moments.

Cependant, la méthode, parvenue à ce moment de son oscillation, n'a point parcouru encore le cycle complet de ses transformations au sein de la conscience moderne. Ne sentez-vous pas que l'esprit, arrivé à ce point, n'a pas épuisé sa force vive, et qu'en vertu d'une espèce de vitesse acquise, il doit poursuivre son évolution vers la spécialisation et l'objectivité, jusqu'à ce qu'il arrive enfin à une limite de spécialisation et d'objectivisme absolument infranchissable. Il y a dans l'esprit une force logique, qui, sans relâche, l'achemine vers de nouvelles formes de la méthode, jusqu'à ce qu'il en ait épuisé la série complète. Après quoi, toujours aiguillonné par le même principe, il reprend souvent son oscillation en sens inverse, et cela indéfiniment, « ballotté comme un pendule ».

Venons donc, à la dernière phase des transformations de la méthode au sein de la conscience moderne. Par une continuité merveilleuse de l'oscillation méthodique, le mode d'explication métaphysique, se désintègre progressivement à son tour ; il se transforme insensiblement en un nouveau mode d'explication. Nous le nommerons « positiviste ou scientifique ». Relativement synthétique, relativement uniforme, et relativement *a priori*, les principes d'explication métaphysique, se dissolvent en une multitude hétérogène de principes, essentiellement analytiques, spécialisés, multiformes, et objectifs. Dans le nouveau régime intellectuel créé par cette discipline mentale ils portent le nom de « lois ». Si Auguste Comte a assez mal défini les modes précédents d'explication de la conscience moderne, il a définitivement caractérisé celui-ci : on peut même dire que c'est grâce à lui si les penseurs contemporains en ont acquis la pleine conscience : « Enfin, dit-il, dans l'état positif, l'esprit humain reconnaissant l'impossibilité d'obtenir des notions absolues, renonce à chercher l'origine et la destination de l'univers et à connaître les causes intimes des phénomènes, pour s'attacher uniquement à découvrir par l'usage bien combiné du raisonnement et de l'observation, leurs lois effectives, c'est-à-dire leurs relations invariables de succession et de similitude. L'explication des faits, réduite alors à ses termes réels, n'est plus désormais que la liaison établie entre les divers phénomènes particuliers et quelques faits généraux dont les progrès de la science tendent de plus en plus à diminuer le nombre (*Cours*, 1ᵉ leçon).

Essayons de reprendre de notre point de vue l'analyse de ce troisième moment de l'évolution de la méthode, symétrique du moment théologique. Nous aurons soin de marquer sa filiation avec le mode d'explication métaphysique, et en même temps la continuité de l'oscillation idéale dont il est le dernier terme.

Et d'abord, ce nouveau mode d'explication, très vivace au sein de la conscience moderne, touche au précédent par un système d'hypothèses générales (hypothèses sur les nébuleuses, sur l'éther, sur les atomes, sur l'origine des espèces, etc.) et d'idées *a priori* destinées à la synthèse élémentaire des diverses catégories de phénomènes semblables. Il est une désintégration du mode d'explication métaphysique, et marque un degré de plus dans la spécialisation, tout comme celui-ci était un progrès dans le même sens par rapport au régime théologique.

La méthode théologique, en effet, et la méthode métaphysique avaient cela de commun qu'elles prétendaient embrasser synthétiquement dans leurs spéculations, la première, la totalité de l'univers, ce qui lui enlevait toute spécialité, la seconde, de vastes domaines de ce même univers, ce qui ne lui laissait qu'une spécialité relative. Le caractère fondamental de la méthode positive est, au contraire, l'analyse poussée très loin, sa faculté supérieure d'adaptation à la réalité mouvante, sa subordination constante aux multiples aspects de la nature objective et à ses catégories innombrables de phénomènes.

Comment parvient-elle à réaliser cette harmonie plus étroite de l'objet et de la pensée, cette coordination exacte des rapports subjectifs avec les rapports objectifs du monde extérieur ? Il est aisé de le comprendre.

L'esprit théologique est caractérisé par sa préoccupation constante de rattacher tous les effets, tous les phénomènes physiques, astronomiques, sociaux et même moraux à l'action d'un principe unique : l'Absolu. L'esprit métaphysique, substitue à la cause unique, une pluralité de principes plus ou moins abstraits, correspondant aux diverses classes générales de phénomènes. A ce système de causation transcendante et d'explication rationnelle, succède, dans la phase positiviste, un système de causalité empirique.

A l'uniformité du mode d'explication théologique ou même métaphysique, s'oppose l'hétérogénéité d'explication scientifique ; cette explication ne craint pas de multiplier les causes productrices des phénomènes, de descendre dans les détails de la causalité et d'assigner à la moindre différence de résultat, une différence correspondante de la cause. Au lieu d'attribuer uniformément à l'action d'un même principe, des effets essentiellement divers, la méthode positiviste ne se tient pour satisfaite que lorsqu'elle a découvert des causes particulières pour chaque ordre de phénomènes ; elle conçoit des causes particulières aux secousses sismiques ; elle en conçoit d'autres particulières aux épidémies, aux perturbations climatériques, au lieu de rapporter sommairement à l'action d'un même principe des effets aussi divers et aussi nettement caractérisés. Bref, pour toute espèce de phénomènes, elle recherche les antécédents immédiats, et les conditions prochaines qui rendent scientifiquement compte de leur production dans tel moment du temps et en tel point de l'espace.

Le procédé positiviste va même plus loin dans la spécialisation. Si, théoriquement, il maintient certaines causes générales, telles que la pesanteur, l'élasticité, la capillarité, l'électricité, etc., pratiquement, il les nie par son constant souci des circonstances infinitésimales qui concourent toujours à l'altération et aux modifications quantitatives des phénomènes particuliers, et qui, par conséquent, postulent une spécialité infinitésimale de la cause. Ce n'est pas seulement à chaque catégorie de phénomènes que le positivisme attribue des causes particulières mais même à chaque phénomène pris individuellement ; il manifeste une tendance marquée à multiplier le nombre des causes proportionnellement à la multiplicité des effets ; il réalise ainsi le maximum de spécialité dans l'explication qu'il soit donné à l'esprit humain d'atteindre ; il pose aussi, en même temps, la limite et le dernier terme de l'oscillation méthodique.

S'il était nécessaire de vérifier cette spécialisation de l'explication positiviste, il n'y aurait qu'à considérer l'ensemble des formules ou lois par lesquelles la science essaye d'étreindre la diversité des phénomènes. Les lois, en effet, sont multiples, plus spéciales, plus analytiques, plus hétérogènes, que les quelques principes métaphysiques qui, dans la phase précédente, remplissaient la même fonction, et *a fortiori* que le principe d'explication théologique, valable universellement et uniformément pour tous les phénomènes. C'est une observation devenue banale de remarquer qu'il y a des lois spéciales de la quantité mathématique, des lois spéciales du mouvement des astres, des lois physiques et parmi celles-ci des lois de l'électricité, de la chaleur, du son, etc..., des lois biologiques, des lois psychologiques, des lois économiques, qui ne valent chacune que pour l'explication et l'interprétation d'une seule catégorie de phénomènes, en dehors desquels elles demeurent stériles et illusoires. Notez d'ailleurs que chacune de ces lois, par une propension fatale vers la spécialisation à outrance, tend à se scinder en lois élémentaires afin de mieux saisir l'objet dans son détail et afin de l'enserrer dans des mailles de plus en plus étroites. En d'autres termes, les lois tendent à perdre leur majestueuse unité abstraite, à amoindrir leur partie idéale et subjective en faveur de leur partie purement représentative. Les lois scientifiques, déjà si multiples, tendent de plus en plus à se plier à la diversité des cas individuels, à s'asservir à l'indéfinie variabilité de l'expérience objective, et à s'autoriser de moins en moins des conditions plus ou moins artificielles et uniformes où on les vérifie dans les laboratoires. Cette tendance se révèle nettement dans les corrections multiples que le physicien fait subir à la loi, lors de ses applications aux cas particuliers ; elle apparaît dans le soin attentif avec lequel les expérimentateurs tiennent compte des influences contingentes et accidentelles de temps, de lieu, de milieu, qui pourraient influencer la loi générale et modifier les résultats prévus et annoncés par la théorie ; elle apparaît, enfin, dans la subordination constante de la loi aux révélations de l'expérience directe, et dans la disposition du savant à modifier la loi dans le sens de l'expérience, ou même à la sacrifier totalement, pour peu qu'elle soit contredite par cette même expérience.

Toujours subordonné à l'expérience, et atteignant ce haut degré de spécialisation, le mode d'explication positiviste devient par là même essentiellement objectif, au contraire des deux précédents où les éléments subjectifs avaient la prédominance. Il réduit à leur minimum les éléments *a priori* de l'esprit pour donner la première place aux éléments *a posteriori* dérivés de l'expérience. Il rejette toute définition purement rationnelle des choses, se méfie de la déduction pure ou syllogistique, abandonne toute recherche des causes premières et des essences d'où

la métaphysique tirait tout le système de l'univers, pour
se renfermer strictement dans l'ordre des phénomènes
et des relations observables. Le positivisme s'interdit
toute spéculation supérieure au fait immédiat ; il exclut
toute tentative pour pénétrer dans le monde des
idées pures, et à plus forte raison pour atteindre le principe et l'unité suprême de toutes choses. En un mot, le
procédé d'explication positiviste réalise le règne exclusif
de la spécialité, de l'individuel, de l'objectivité pure ; il
pose l'antithèse du mode d'explication théologique et
constitue le terme de la première oscillation intellectuelle
de la pensée contemporaine.

Ici, en effet, doit s'arrêter et s'achever l'oscillation
méthodique ; ici, doit se clore le cycle de transformations
que revêt la méthode dans l'esprit collectif. La phase positiviste est la limite nécessaire, inviolable de l'oscillation,
parce qu'elle est aussi le terme de la désintégration, le
terme de la spécialisation, de l'objectivité et de l'immanence auquel puisse atteindre l'esprit humain. Elle
constitue l'antipode du mode d'explication théologique,
son pôle contraire, son antithèse symétrique : or, au delà
de l'antithèse, au delà du pôle il n'y a rien que l'espace
ou la conscience vide.

Ce mouvement oscillatoire que nous venons d'analyser
dans un sens, se répète également en sens inverse, c'est-à-
dire de la méthode positiviste à la méthode théologique.
L'esprit moderne ne peut se résoudre à cet émiettement
sans fin de l'explication scientifique. De même que nous le
voyons incliner vers l'analyse, de même nous le voyons
remonter vers des modes synthétiques d'explication ; il ne
peut jamais complètement se soustraire à l'attraction
irrésistible de l'unité et de l'absolu. C'est un fait d'expérience courante, en effet, que dans notre siècle, des esprits
évoluent du mode d'explication théologique qui fut leur
point de départ, au mode d'explication positiviste, par une
ascension continue vers la spécialisation ; c'est un fait non
moins connu, que certains esprits, dont on pourrait trouver

de remarquables exemples parmi les penseurs contemporains, passent, par une évolution inverse, du mode d'explication et de compréhension positiviste qui fut leur première
démarche, au mode d'explication théologique. Souvent
ce n'est point l'attitude définitive de leur esprit en face
de l'univers; ils reviennent périodiquement encore à leur
première inspiration, ballottés sans trève du point de vue
analytique au point de vue synthétique.

La vitesse de cette oscillation, est plus ou moins
grande suivant l'activité intellectuelle de chacun :
mais en nous tous, elle s'accomplit de quelque façon, et
atteint même chez quelques esprits, tels que Renan, une
rapidité tout à fait remarquable. Tous les moments de ce
mouvement sont contemporains dans sa conscience, tant
il passe rapidement et subtilement d'un point de vue à
l'autre, de l'explication positiviste à un mode de compréhension théologique.

Ce n'est point par une simple fantaisie, ni par amour
d'un balancement rythmique, ni par un voluptueux dilettantisme que la conscience moderne s'abandonne à cette
oscillation méthodique, mais par le fait d'une nécessité
organique de l'esprit lui-même. D'une part, il est poussé
à la synthèse intégrale de sa connaissance ; d'autre part,
il est attiré invinciblement vers l'analyse et la spécialisation. Parce que l'esprit moderne éprouve un irrésistible
besoin de posséder l'intégralité d'une série de causes ou
de phénomènes, il est jeté dans le mode d'explication théologique ; parce qu'il est sollicité par une force également
puissante vers le phénomène isolé, il incline vers un mode
d'explication positiviste, jouet docile de la force logique
qui est en lui. Modes d'explication théologique, métaphysique, positiviste, ou inversement, tel est le rythme continu de la conscience collective; tel est le cycle de
transformations, dans lequel évoluent les esprits modernes;
telles sont les positions entre lesquelles notre conscience
vibre, l'antinomie où elle est enfermée, l'oscillation fatale
dans laquelle elle est irrévocablement engagée.

III

S'il s'agissait ici d'une simple oscillation de méthode, peut-être pourrait-on professer pour elle le dédain systématique qu'on oppose à toute spéculation philosophique ; peut-être se croirait-on autorisé à penser que cette oscillation, qui peut passionner des esprits spéculatifs, ne doit intéresser que très médiocrement la conscience collective, en grande partie étrangère et inaccessible aux notions de méthode et à leurs différences.

Mais, sous la méthode, s'abritent de vastes systèmes intellectuels, de vastes synthèses, des séries d'opinions, de doctrines, dont les rencontres, les répulsions, les attractions se répercutent sur l'âme même du peuple et jusque dans les derniers replis de la conscience collective. Tout le régime intellectuel d'un peuple, d'une époque, d'une conscience est subordonné à une conception particulière de la méthode et s'y réduit comme la plante adulte se ramène à son germe. Des diverses méthodes, jaillissent comme de leur source, les formes les plus diverses de la pensée religieuse, morale, philosophique, politique ; elles y préexistent virtuellement et peuvent en être déduites par la seule force de la logique. La méthode est la formule synthétique où un esprit pénétrant peut lire d'avance toutes les conséquences ultérieures. A chaque méthode correspondent des développements propres, des états particuliers de la conscience sociale ou individuelle, qui y sont réductibles pour quiconque comprend les relations logiques de nos divers états intellectuels.

En déterminant entre quels modes généraux d'explication oscille la conscience moderne, nous venons aussi d'embrasser de haut l'ensemble des alternatives mentales entre lesquelles vibre, à l'heure actuelle, la conscience sociale.

Chacun de ces états fondamentaux est le lieu géométrique d'une foule d'états secondaires qui en découlent ; l'oscillation que nous venons d'analyser, est donc aussi, le lieu géométrique et le centre d'une infinité de ces oscillations élémentaires, qui seules apparaissent aux esprits peu synthétiques et incapables de remonter au principe de la divergence et du mouvement des opinions. Cette oscillation fondamentale de la conscience moderne est l'origine de vibrations intellectuelles, qui s'étendent jusqu'aux dernières limites de la conscience sociale, et y déterminent, comme nous le verrons, les troubles caractéristiques de l'anarchie intellectuelle.

Nous ne saurions entrer ici dans le détail de ces vibrations secondaires, sans nous départir de la généralité philosophique que nous impose le sujet. Le lecteur qui a la moindre connaissance de la pensée moderne et qui, à tout instant, a sous les yeux quelques-unes de ces vibrations, suppléera très avantageusement à cette déduction. Qu'il nous suffise de signaler que cette première oscillation fondamentale de la conscience moderne, entraine, avec une régularité mathématique, tout un système de vibrations correspondantes en cosmologie, en morale, en politique, en sociologie, en psychologie, et même des fluctuations dans la conduite collective et individuelle.

Qui n'a expérimenté, au sein de la conscience moderne, l'alternance des trois formes d'esprit, religieux, rationaliste et scientifique aujourd'hui antagonistes, et en lutte ouverte, ainsi que leurs effets pratiques divergents ? Cette fluctuation de mentalité est le résultat d'une oscillation de point de vue sur l'ensemble des choses, d'une oscillation de méthode.

Qui ne sait, au moins vaguement, qu'il coexiste au sein de la conscience contemporaine, plusieurs principes de morale essentiellement hétérogènes, correspondant aux trois moments de la méthode ? Les uns présentent la loi morale comme un impératif transcendant, comme un commandement divin médiatement ou immédiatement déduit de l'absolu, obligeant universellement et avec la même irrévocabilité toute volonté humaine. Les autres la présentent comme une intuition rationnelle du bien, pré-

sente au sein de toute conscience morale, se suffisant à
elle-même sans être émanée d'une puissance antérieure.
Certains, enfin, ne veulent voir dans la loi morale ni une
révélation de l'absolu, ni une intuition de la raison, mais
une simple généralisation de l'expérience, une simple loi
de la nature humaine qui veut être obéie, sans toutefois
obliger, parce qu'elle est une loi du développement normal
de notre être.

Qui ignore qu'à chacun de ces centres puissants de
vibration correspondent des conceptions particulières de
l'histoire ? Pour l'esprit théologique, par exemple, tous
les grands mouvements sociaux ne sont que l'éternelle
manifestation et l'éternelle phénoménalité du principe
interne de toutes choses, Dieu ou l'Absolu. Tout l'effort
de Bossuet, de Vico, de Herder, de Hegel et de la multitude anonyme qui suit actuellement le sillage de leur
pensée, consiste à invoquer la présence, en chaque
phénomène sociologique, de ce destin providentiel qui
préside à tous les mouvements de l'humanité et qui leur
est consubstantiel. L'esprit métaphysique, encore si universellement répandu dans les sciences sociales, consiste
à expliquer la succession des grands évènements historiques par un système abstrait de causes finales, le progrès, le bonheur universel, la paix sociale, etc... Pour
l'esprit positiviste, enfin, il n'y a d'explication légitime
des faits sociaux, aussi bien que des effets physiques, que
l'explication par leurs antécédents immédiats, leurs causes
prochaines et observables. La Révolution française s'explique par les fautes de l'ancien régime, par ses injustices
et ses inégalités, par l'action des écrivains révolutionnaires,
par la combinaison de l'esprit classique et de l'esprit
scientifique et non plus par un système de causes générales, ni *a fortiori* par l'action d'un principe transcendant
et intangible.

Qui ignore enfin qu'à chacun des moments de notre
oscillation de méthode correspondent divers · systèmes de
politique ? Une conception théologique de l'univers
entraîne une politique fondée sur le droit divin, la subor-

dination du pouvoir temporel   au pouvoir spirituel, le sacrifice de la liberté individuelle et du bonheur à la cause de l'Absolu, la suppression des droits civiques, etc. Le point de vue métaphysique engendre aussi une forme particulière de politique : le principe des majorités, la souveraineté du peuple, l'infaillibilité de la volonté générale, l'égalité idéale, le pacte social, la souveraineté inaliénable, les droits naturels, sont autant d'abstractions invérifiables et sans fondement dans la nature des choses.

Le point de vue positiviste en politique, qu'il ne faudrait pas confondre avec la théorie politique d'Auguste Comte, consiste, au contraire des deux précédents, à se renfermer dans l'ordre des phénomènes, et des relations observables comme dans les autres sciences, à s'interdire toute recherche de principes abstraits, de causes premières et de causes finales.

Nous pourrions montrer encore comment ces trois points de vue ont leur répercussion dans la législation : comment ils président à la conduite des hommes et révèlent leur influence dans les moindres actes de la vie journalière ; comment ils entraînent dans la conscience moderne une triple solution du problème de la destinée de l'univers et de la destinée humaine.

Mais nous croyons assez prouvée la valeur sociologique et l'universelle influence de ces trois centres d'opinions.

Ces trois modes fondamentaux d'explication s'épanouissent dans la conscience contemporaine en une multitude infinie de rameaux divers ; ils se mêlent, se combinent, s'entrechoquent, se font contrepoids, s'amalgament et contribuent pour une large part à produire le trouble de la pensée moderne. Ils vont s'irradiant partout comme des rayons lumineux, développent dans les esprits leurs conséquences hétérogènes, y étendent leurs ramifications logiques, y créent des courants d'idées divergents, impriment un caractère désordonné à toutes les manifestations de l'esprit, précipitent dans des voies contradictoires la philosophie, la morale, la politique, et la vie.

La coexistence au sein de la conscience moderne des trois modes d'explication théologique, métaphysique et positiviste, avec le système de leurs conséquences illimitées dans toutes les sphères de la pensée et de l'action, tel est le premier facteur fondamental de l'anarchie intellectuelle.

CHAPITRE III

DU MOUVEMENT D'OSCILLATION
DES IDÉES GÉNÉRALES DANS LA CONSCIENCE
MODERNE

SOMMAIRE. — I. Les trois phases principales de cette oscillation.— II. La phase idéaliste, la phase conceptualiste et la
phase nominaliste — III. De cette oscillation comme centre
nouveau de vibrations intellectuelles.

I

Il est un autre mouvement oscillatoire auquel la
pensée moderne se laisse inconsciemment entraîner. La
philosophie en a depuis longtemps décrit les trois phases
principales, mais elle n'a montré ni la continuité, ni les
conséquences sociales de cette oscillation ; elle n'a pas
songé, non plus, à l'intégrer dans le système des autres
mouvements dialectiques dont l'ensemble engendre le
phénomène de l'anarchie intellectuelle. Nous voulons
parler d'un mouvement vibratoire, par lequel l'esprit
moderne passe sans cesse d'une interprétation idéaliste
de ses idées générales, à une interprétation nominaliste en
parcourant une série de phases intermédiaires dites con-
ceptualistes.

Lorsque l'aéronaute commence à s'élever dans l'air, la
foule amassée autour de la nacelle lui apparait d'abord
comme une collection d'individualités distinctes, ayant

chacune ses caractéristiques propres. A mesure de l'ascension, les particularités s'effacent, les nuances s'estompent, la masse devient plus compacte ; cette foule, bigarrée tout à l'heure, ne présente plus au regard qu'un agrégat de points uniformes, de cette uniformité pâle des généralités vagues et sans détail. Bientôt les points eux-mêmes disparaissent, et toutes ces choses se fondent en un tout homogène. L'aéronaute imaginerait volontiers le sol, s'il n'était prévenu par une expérience récente, comme une surface géométrique inhabitée et d'une perfection tout idéale. Un phénomène exactement inverse se produit durant les phases de descente ; le plan géométrique se hérisse d'aspérités ; le détail des choses réapparaît progressivement, et la nature avec sa variété indéfinie reprend son aspect normal.

Il se passe quelque chose d'analogue dans l'intelligence, et ce phénomène matériel est un symbole assez exact du phénomène psychologique que nous étudions. L'esprit est une sorte d'aéronaute, qui, suivant son recul ou sa proximité, suivant qu'il s'élève ou qu'il se rapproche de terre, obtient divers aspects de ses idées générales et voit son point de vue se modifier incessamment au moindre changement de position relative. Il a tantôt la vision nette des éléments représentatifs de ses idées et tantôt la vision seulement de leur ensemble et de leur unité abstraite.

Commençons par une analyse concrète de cette nouvelle oscillation mentale afin d'en mieux saisir ensuite l'exposition abstraite. Choisissons une idée générale quelconque, une de ces idées courantes, qui, sans cesse, occupent la conscience collective, et accomplissent une oscillation complète; soit l'idée éveillée par le mot « homme ».

L'idée d'homme peut-être interprétée de trois manières.

D'abord (c'est plus particulièrement le privilège des positivistes et des empiristes, de la [concevoir exclusivement de cette façon), elle peut être conçue comme un simple memorandum correspondant à un petit nombre d'individus connus, à quelques types avec lesquels on est entré en relation, dont on a fait l'expérience plus ou moins complète, et à propos de chacun desquels on a observé un certain nombre de propriétés et de particularités.

Une telle représentation sensible de l'idée d'homme est possible, tant que le nombre des expériences du sujet est relativement restreint ; je puis évoquer mes parents, mes amis, quelques connaissances, quelques figures familières de grands hommes, mais il m'est impossible de penser sous cette forme l'humanité tout entière, et d'embrasser l'idée dans toute son amplitude. Que le nombre d'expériences vienne à croître, la pensée exige une évocation plus complète ; il arrive fatalement un moment de cette progression, où le nombre d'individus expérimentés et la quantité de propriétés observées sont tellement grands, qu'il est impossible, dans la durée toujours limitée où nous sommes astreints de penser nos concepts, de répéter mentalement le détail d'une série d'expériences qui ont duré plusieurs années. On ne peut dès lors concevoir l'idée en question comme un pur agrégat d'expériences particulières, comme un simple comput. Il faut recourir pour la penser avec cette extension et cette compréhension relativement étendues, à une définition abstraite, à une conception émondée, dans laquelle ne se trouvent condensées qu'un petit nombre de ressemblances spécifiques pensables dans un court instant de la durée. C'est le moment conceptualiste de l'idée, succédant nécessairement et sans solution de continuité au moment précédent, à la phase nominaliste.

Poursuivons cette ascension dialectique. Enflez sans cesse votre notion d'homme ; développez-la quantitativement en y condensant toute l'humanité passée et future ; qualitativement en portant les perfections qu'elle désigne à des valeurs sans cesse croissantes, dont quelques-unes sont déjà réalisées par les hommes supérieurs et dont les autres attendent, pour arriver à l'existence, l'apparition du « surhomme ». Fatalement, vous aboutissez à une notion de l'homme en soi, tout à fait idéale, qui vous semblera plus belle, plus riche, plus vaste que toutes les réalisations ; si bien que toutes les individualités vous apparaîtront comme de vulgaires dégradations de cette notion.

Nous voilà transportés en pleine phase idéaliste par un processus continu et un acheminement dialectique absolument nécessaire. De ce point de vue nous découvrons de nouveaux panoramas et de là se révèle à nous un nouvel aspect de toutes choses. Étendons maintenant cette analyse à toutes nos idées générales, à toutes celles du moins qui ont quelque valeur sociale, et une répercussion sensible sur la spéculation et sur l'action. Nous serons en mesure désormais de comprendre et d'effectuer d'un point de vue général l'analyse de cette nouvelle oscillation fondamentale de la conscience moderne.

Nous allons examiner successivement les trois phases principales de ce mouvement commun à toutes nos idées générales. Nous aurons soin de nous en tenir à la simple analyse du phénomène et d'écarter systématiquement tout développement, toute digression, toute explication surabondante qui nous éloignerait de notre but. Nous analyserons ensuite quelques-unes des vibrations secondaires impliquées dans cette oscillation fondamentale, afin d'en bien montrer tout l'effet dans la conscience contemporaine. Nous n'aurons plus aucune difficulté à comprendre désormais, le mode d'action de ce nouveau facteur d'anarchie, aussi actif, aussi puissant sur notre mentalité que le précédent.

Nous venons de voir que ros concepts ou idées générales ne sont pas des réalités fixes, mais des formes élastiques pouvant osciller entre deux limites et susceptibles d'une infinité de valeurs intermédiaires. Chaque concept, il est vrai, correspond bien à une valeur fixe pour un esprit donné, à tel moment de son expérience; mais cette valeur est essentiellement instable, et varie au moindre accroissement de la durée psychologique et de l'expérience. Pour des esprits différents, les concepts correspondent toujours à des valeurs différentes tant au point de vue de la compréhension que de l'extension. Il y a donc au sein de la conscience individuelle ou sociale une

évolution de chacun de ses concepts généraux ; et cette
évolution s'accomplit incessamment par processus infini-
tésimaux entre deux valeurs limites.

On peut représenter cette évolution par une courbe
analogue à celle que décrit un pendule en mouvement et
étudier chacun des moments principaux de cette courbe.

II

.Et d'abord, à l'origine de leur mouvement osciliatoire,
dans la première phase de leur évolution dialectique. nos
idées générales sont envisagées dans leur limite idéale.
dans leur plus haute perfection qualitative et quantitative.
sous le point de vue de l'unité, de l'immutabilité et de
l'absolu. L'esprit parvient à cet aspect de l'idée générale
par un processus dialectique analogue à celui par lequel
les mathématiciens passent. des quantités finies, à des
quantités de plus en plus élevées et finalement à des
quantités infinies. Il arrive fatalement un moment où
l'esprit abandonne les régions de la positivité et de la relativité, où il aboutit à des valeurs idéales. puis à des
valeurs limites au moyen desquelles il lui est loisible
d'interpréter l'ensemble des existences, et d'où il peut
déduire tout un système de l'univers. Les esprits parvenus à ces sommets idéalistes ne regardent plus à leurs
pieds: leurs yeux sont sans cesse tournés vers la Beauté
en soi, vers le Bien, la Science, la Justice. la Grandeur.
l'Absolu et l'Infini. Dans toutes leurs spéculations on sent
l'immanence de ce point de vue. Actuellement encore, il
est des esprits qui voient tout sous le point de vue de la
perfection, et qui interprètent leurs idées en un sens
idéaliste, comme les daltoniens voient tous les objets
sous des couleurs spéciales.

Il est aisé de prévoir quelques conséquences d'un aussi
audacieux point de vue. D'abord, un optimisme intégral
est impliqué dans cette façon d'interpréter ses concepts.
Comment ne point être enchanté de l'univers, si, de parti

pris, ou par une complexion spéciale de l'esprit, on ne contemple que les valeurs idéales de l'idée et qu'on néglige ses réalisations particulières dans le monde phénoménal ? Ce point de vue entraîne, en second lieu, la nécessité d'une « vision en Dieu » comme dit Malebranche. Quiconque n'aperçoit que les valeurs limites de ses concepts généraux, doit supposer un être supérieur en qui seul elles peuvent résider sous la forme de la perfection, un intellect absolu, une pensée pure, c'est-à-dire Dieu lui-même conçu à la façon du spiritualisme. Enfin, l'idée, dans cette hypothèse, est attractive pour l'intelligence humaine, aussi bien que pour l'action. Elle n'est plus une image dérivée des choses, ni un simple reflet, mais une cause finale, une cause exemplaire, une « force » déterminante de la pensée et de l'action. Par cela même qu'elle est envisagée dans ses valeurs idéales, elle devient désirable et entraîne sa réalisation. C'est toute une philosophie, une forme d'esprit, toute une mentalité enfermée dans ce point de vue ; mentalité faite de beaucoup d'élévation et de mysticisme, mais aussi de beaucoup d'illusions métaphysiques, de divagations, et d'abandon de soi-même à la dérive de la pensée pure.

Il ne s'agit point ici de discuter ni de contester la validité de ce point de vue, ni la légitimité de cette interprétation de l'idée générale.

L'esprit y est amené par une évolution dialectique nécessaire et irrésistible. Le mathématicien se soucie-t-il de prouver le point de vue des grandeurs infinies ? Ne lui suffit-il pas, pour se mouvoir à l'aise dans ses spéculations sur les limites, qu'il s'y trouve amené par un mouvement dialectique continu et nécessaire ? De même ici, ce point de vue est le premier moment (ou le dernier, suivant le sens dans lequel on envisage l'oscillation et l'origine du mouvement) d'un processus dialectique continu, dont les diverses phases sont aussi nécessaires, aussi légitimes les unes que les autres, et dans lesquelles l'esprit moderne se trouve irrévocablement engagé. Bon gré, mal gré, il doit accomplir son oscillation, et cela suffit à la validation de notre thèse.

On pourrait nous reprocher d'analyser une forme d'esprit très ancienne que l'on ne retrouve plus dans la société moderne. Sans doute, ce point de vue a été exprimé et développé dans toute sa force par des penseurs tels que Platon, Plotin, Malebranche, Hegel etc... qui ne sont plus de ce temps. Mais ce serait s'abuser étrangement de croire que leur pensée n'a pas une répercussion infiniment profonde sur les esprits actuels ; et surtout, de s'imaginer qu'ils ont pu incarner une forme de pensée fugitive destinée à disparaître. C'est par une fatalité organique, que nous sommes ramenés périodiquement à cette interprétation de nos idées générales, et non, comme on pourrait le croire, par un caprice métaphysique contingent, ou par les surprises de l'atavisme.

Voyez les mathématiques ; le point de vue de la perfection, de l'éternité, de l'immutabilité, est le point de vue constant d'où elles interprètent tous leurs concepts. Elles prennent le cercle, la sphère, le triangle, le cube, non tels qu'ils se rencontrent dans la réalité sensible, mais dans un état de pureté, de perfection, d'immutabilité absolues, c'est-à-dire dans leurs valeurs idéales. Elles n'échappent même à la contradiction, que parce que tout le monde s'entend à raisonner, en ce qui les concerne, d'après ce point de vue exclusif. Un point de vue empiriste, entraînerait la négation de chacune de leurs propositions et leur propre ruine. Si la même entente ne se réalise pas à propos des jugements et des raisonnements où entrent nos autres idées générales, cela ne vient pas de quelque mystère impénétrable, mais seulement de ce que on ne s'accorde pas à les interpréter toujours dans leurs valeurs idéales et qu'on les emploie simultanément dans un sens conceptualiste et dans un sens nominaliste qui limitent ou qui nient le précédent.

Ce n'est pas seulement dans les sciences mathématiques que ce point de vue subsiste et domine, même actuellement. C'est dans toutes les sphères de la pensée moderne, et surtout en sociologie, en morale et en psychologie. Quant à la métaphysique, cela va sans dire, puisqu'elle s'occupe exclusivement de l'étude et de l'interprétation des valeurs idéales de nos concepts fondamentaux.

Pour toutes les intelligences naturellement enthousiastes, et facilement emportées vers les sommets par une sorte d'exaltation mentale qui a quelque chose de platonicien, (il faut avouer que nous participons tous à certains moments et pour de certaines idées à cette exaltation idéaliste) les idées générales de Raison, de Conscience morale, de Devoir, de Science, d'Humanité, de Patrie sont des idéaux mieux définis, plus parfaits, plus intégrés, plus concentrés, plus stables et plus nobles que les phénomènes particuliers qu'elles dominent de leur universalité. Demandez aux mystiques contemporains, tout pleins de l'infinité de leurs concepts et dont le regard est constamment dirigé vers l'idéal, ce que représentent, les notions de Patrie, d'Humanité, de Liberté. Ils répondront, à n'en pas douter, que ce sont des idéaux vivants, plus éminents que la série des représentations concrètes qui n'en sont que la dégradation pâle et affaiblie. Ils ne tarderont pas à réciter même des hymnes enflammés à leur adresse, comme à de véritables divinités, supérieures à toute forme de relativité, mettant ainsi parfaitement à nu leur interprétation toute idéaliste des concepts généraux. Bien qu'une semblable conception de l'idée exige une certaine élévation de l'esprit et une certaine aptitude à la spéculation philosophique, elle n'en pénètre pas moins la pensée contemporaine. C'est une aventure courante, de rencontrer chez les poètes, les âmes religieuses, et chez bon nombre de gens qui ne font pas profession de penser, des conséquences morales, politiques, directement émanées d'une doctrine idéaliste de l'idée, sans qu'ils se doutent le plus souvent de la genèse logique de leurs opinions. Bien plus ; ceux même qui, par suite d'une éducation essentiellement positive, pensent et jugent d'un point de vue nominaliste, ont souvent un mal énorme à s'arracher à la fascination des valeurs idéales de leurs concepts généraux. Nous n'en voulons pour preuve qu'Auguste Comte ; en dépit de sa doctrine, il s'est laissé aller à divi-

niser l'Humanité au lieu de l'interpréter dans sa valeur
réelle, subordonnant ainsi sa pensée à des suggestions
idéalistes, dont il avait rejeté d'avance les conséquences
métaphysiques. La permanence dans la conscience moderne du point de vue idéaliste, l'usage transcendant de
l'idée générale, nous semble incontestable ; nous pourrions
le démontrer beaucoup plus en détail, si nous ne craignions d'obscurcir par des digressions l'analyse de cette
seconde oscillation intellectuelle dont nous devons avant
tout marquer la continuité.

Cependant, la pensée ne peut se maintenir indéfiniment
dans cette sphère nuageuse de l'idéal. Il faut bien qu'à
certains moments elle revienne sur terre et redescende
à des valeurs plus réelles et plus positives de ses concepts
généraux. Dès le premier éveil de l'esprit critique et dès
que s'atténue cette espèce d'exaltation idéaliste qui nous
ressaisit tous en certaines circonstances, mais qui embrase
plus particulièrement certaines natures prédisposées, la
conscience moderne 'ne tarde pas à s'apercevoir de la
transcendance invérifiable d'une semblable interprétation,
de son à priorisme incertain, de son caractère virtuel et
problématique et de son inutilité pratique. Dès lors commence un changement de point de vue, une modification de
perspective.

Le point de vue conceptualiste constitue le moment intermédiaire de l'oscillation, et se substitue au précédent. Il
consiste à envisager les idées générales, non plus dans leurs
valeurs limites ou idéales, mais dans leurs valeurs moyennes. A ce moment de leur évolution dialectique, les idées ne
correspondent pas à une limite idéale de perfection mais à
une synthèse d'attributs généraux relative et conceptuelle.
L'idée est un extrait condensé de propriétés communes à
toute une catégorie d'objets ou de phénomènes. Elle
forme l'unité d'une pluralité sans rien ajouter de positif à
cette pluralité ; elle n'est pas supérieure à l'esprit individuel ni transcendante, mais au contraire immanente. Ne
dépassant pas l'intelligence individuelle, puisqu'elle en

est dérivée, elle en constitue un simple produit. Dans
l'idée ainsi conçue se retrouvent sans doute toutes les représentations de l'espèce désignée ; mais elles sont réduites
à de simples points mathémathiques, sans caractéristique, sans individualité et sans détail. Moins idéalisée
que dans la phase précédente, moins diffuse que la
représentation phénoménale, la notion est susceptible de
définition. Cette définition est toujours abstraite, générale,
d'un caractère tout rationaliste ; elle se fait par le genre
prochain et la différence spécifique.

Dans la phase conceptualiste, la   on d'homme ne
représente plus un idéal, un archétype, comme dirait Platon ; elle n'est pas non plus, comme dans la phase suivante,
un simple nom donné à une collection d'individus
distincts. Elle représente un ensemble d'attributs communs à l'espèce. L'homme n'est pas une essence supérieure
émanée de Dieu, un être éclairé d'en haut. « un ange
déchu qui se souvient des cieux » ; il n'est pas non plus,
comme pour les nominalistes, tel individu doué d'une
structure physique spéciale, de telles dispositions mentales
ou morales, un composé essentiellement instable auquel
« chaque évènement apporte un accroissement une métamorphose, un pli ». Il correspond à une définition fixe et
immuable : l'homme est un animal raisonnable.

De même, pour quiconque envisage ses idées de ce
point de vue, la raison prend un aspect spécial. Elle n'est
pas comme pour les idéalistes « un rayon réfracté de l'intelligence divine », le sens de l'Absolu et de l'Infini. un don
du ciel ; elle n'est pas comme pour le nominalisme une
faculté essentiellement instable se diversifiant avec les
individus, « un composé fragile », « un état d'équibre instable dépendant de l'état instable du cerveau, du sang
de l'estomac ». Elle est une faculté identique chez tous
les hommes, l'attribut même de l'humanité ; elle est susceptible de définition précise et immuable ; elle est « la faculté qui donne les idées innées », « les formes *a priori* de
la connaissance » ; la « faculté de former les notions abstraites », la faculté de comprendre l'essence et la raison

des choses, ou encore de mettre de l'ordre parmi les phénomènes de la nature.

Ce même point de vue engendre la théorie de la conscience morale identique chez tous les hommes, permettant de juger *a priori* des bonnes et des mauvaises actions. Lorsque Rousseau s'écrie : « Conscience, conscience, instinct divin, immortelle et céleste voix, guide assuré d'un être ignorant et borné mais intelligent et libre, juge infaillible du bien et du mal qui rend l'homme semblable à Dieu », il mêle le point de vue idéaliste et le point de vue conceptualiste : il est le jouet d'une force logique qui fait osciller son esprit d'un point à l'autre de la trajectoire des idées générales.

Il est facile de saisir la nuance qui sépare la phase conceptualiste de la précédente et de la suivante. L'idée à ce moment de son évolution n'est pas envisagée dans ses valeurs idéales : elle n'est pas divinisée, idéalisée ni portée à l'infini. Elle n'est pas non plus, la diversité pure, la phénoménalité flottante ; mais une forme de pensée intermédiaire, relativement fixe, relativement permanente relativement universelle et générale.

Ce point de vue de la généralité abstraite, cette interprétation de l'idée a dominé l'esprit des penseurs du XVIII⁰ siècle et de la Révolution française. Taine l'a nettement démontré (¹). « Les hommes du XVIII⁰ siècle, dit-il, emportent une forme fixe d'intelligence sans le savoir ni le vouloir. Cette forme est l'esprit classique, et c'est elle qui appliquée à l'acquis scientifique du temps a produit la philosophie du siècle et les doctrines de la Révolution... Suivre en toute recherche, avec toute confiance, sans réserve ni précaution la méthode des mathématiques, extraire, circonscrire, isoler quelques notions très simples et très générales ; puis, abandonnant l'expérience, les comparer, les combiner, et du composé artificiel ainsi obtenu déduire par le pur raisonnement

(¹) TAINE — *Origines de la France Contemporaine.* (L'esprit et la Doctrine).

toutes les conséquences, tel est le procédé naturel de l'esprit classique. Jamais on n'est sur le terrain palpable et solide de l'observation personnelle et racontée, mais toujours dans la région vide des généralités pures.....
Jamais de faits ; rien que des abstractions, des enfilades de sentences sur la nature, la raison, le peuple, les tyrans, la liberté, sortes de ballons gonflés et entrechoqués inutilement dans les espaces ».

Il est superflu de faire remarquer que nous avons hérité de cette forme d'esprit, et qu'elle se rencontre très fréquemment dans la société contemporaine. On peut même dire qu'elle constitue la mentalité propre de tous ceux qui font profession de rationalisme. Le conceptualisme abstrait est la racine d'où jaillissent toutes leurs doctrines, toutes leurs déductions aussi bien pratiques que théoriques. Tout rationalisme se distingue à ces caractères essentiels : il a une horreur instinctive du concret, du positif, du réel, de la représentation toute nue, comme il a une répugnance naturelle aussi pour toute élévation mystique, pour la contemplation des valeurs idéales de l'idée, pour toute forme de religion, d'idéalisme ou de platonisme. En philosophie, en morale, en histoire, en sociologie, ils jonglent toujours avec des généralités et des abstractions; ils évitent soigneusement la chute dans les points de vue particuliers qu'ils considèrent comme une déchéance et aussi la contemplation des valeurs limites de l'idée qu'il prennent volontiers pour une attitude superstitieuse. La moindre incursion dans le champ de la pensée moderne nous révélerait dans le détail la permanence du point de vue conceptualiste; mais ce serait légèrement dévier de la voie limitée que nous nous sommes tracée.

Les idées ne s'arrêtent pas à ce moment de leur mouvement dialectique vers la désintégration, la relativité et la phénoménalité. Elles n'ont point achevé leur évolution ni accompli une oscillation complète. D'abord envisagées dans leurs valeurs limites, puis dans des valeurs très

élevées quoique déjà relatives, elles subissent encore
une nouvelle métamorphose au sein de la conscience
moderne. Elles sont interprétées empiriquement dans
leurs valeurs concrètes, positives et actuelles; ce qui entraîne une complète modification de point de vue et une
nouvelle allure de la spéculation.

Dans la phase nominaliste, les idées générales ne répondent plus à un idéal supérieur aux choses comme précédemment; ni même à une synthèse de ressemblances
ayant pour caractère essentiel l'universalité. Elles deviennent un pur symbole, analogue aux signes algébriques.
Elles n'ont pas de signification propre et ne reçoivent un
contenu que des représentations concrètes ou des phénomènes particuliers dont elles sont les substituts.

Le concept, ici, n'a pas de valeur intrinsèque par lui-
même; il est forme pure, cadre vide, et ne correspond à
aucune réalité spécifique en dehors de la représentation
qui y adhère par association et qui vient s'y coordonner.
Par elle-même, la notion n'est pas susceptible de tomber
sous la connaissance; la penser, c'est penser telle expérience particulière, tel groupe d'objets individuels, telles
caractéristiques et rien autre chose. L'idée ne devenant
définie pour la pensée que par sa relation avec l'expérience,
et l'expérience étant sans cesse nuancée, il s'ensuit que
l'idée elle-même, dans la nouvelle phase, n'affecte aucune
forme fixe; elle demeure instable, élastique et indéfinie
comme les phénomènes eux-mêmes.

Le nominalisme interprète les idées dans leurs valeurs
concrètes et réelles; il ne se paye pas de mots, ni d'abstractions creuses, mais voit des faits positifs, des sensa-
tions précises, des phénomènes sous les idées en apparence les moins positives.

III

Quiconque est habitué à dérouler les séries illimitées de conséquences impliquées dans un principe peut

apercevoir de ce sommet, les répercussions incalcula-
bles de l'inspiration nominaliste dans la pensée contemporaine. Comme pour les phases précédentes, c'est toute
une mentalité, toute une forme d'esprit enveloppée dans
ce point de vue ; et c'est une mentalité radicalement différente de la mentalité idéaliste. A l'interprétation nominaliste des idées correspondent des théories spéciales de
la psychologie, de la morale, de la logique, de la sociologie, de la politique, et de chacune des notions qui entrent dans la composition de ces sciences.

Dans cette phase de la pensée, la psychologie ne se définit plus comme dans la précédente « la science de
l'âme », ou la science « des facultés de l'esprit humain ».
Ces fantômes abstraits et généraux, l'intelligence, la
mémoire, l'imagination, la raison, la conscience ne subsistent plus à titre de réalités indépendantes, d'activités
productrices et autonomes. La théorie des facultés
s'évanouit. Il ne reste que des phénomènes et des lois
spéciales pour chaque catégorie de phénomènes. La psychologie devient la science positive des faits de conscience,
de leurs causes immédiates, de leurs conditions et de
leurs lois. Elle analyse les faits complexes et montre leur
formation par une synthèse de faits simples. Elle a pour
but « des uniformités de succession, les lois soit primitives, soit dérivées d'après lesquelles un état mental succède à un autre, est la cause d'un autre, ou du moins la
cause de l'arrivée d'un autre ». Elle n'est ni spiritualiste,
ni matérialiste, parce qu'elle se refuse à ergoter sur des
notions générales, émanées d'une façon de penser conceptualiste ; elle ne veut voir que des faits sous les notions ;
elle est expérimentale.

De même, la morale n'est plus ici la science d'une
idée, le Bien, ni d'une fin à laquelle devraient se rapporter toutes les actions de la volonté humaine. La
conscience morale n'est pas une faculté identique chez
tous les hommes, une espèce de sens commun permettant
de juger universellement de la qualité des actions
humaines, comme dans la phase précédente où la mo-

rale est une jonglerie d'abstractions et d'idées creuses. De ce nouveau point de vue, il n'existe pas de science du bien en général, ni des principes universels de la conduite: mais seulement des faits, des réalités, des mœurs variables avec les époques, avec les individus, avec les races et les nations. Comme nous dira M. Durkeim : « Il n'y a pas un devoir, mais des devoirs (¹) » ; de plus, il faut concevoir la loi morale comme une simple formule résumant la diversité des faits moraux, non comme une formule générale, valable pour l'universalité des individus.

Suivant le point de vue qu'on adopte, suivant la phase de l'oscillation à laquelle on subordonne sa pensée, on conçoit la logique, comme la science de certaines notions fixes et définies, et de certains procédés immuables de l'esprit ; ou, comme la science des méthodes spéciales à chaque science et des procédés indéfinis et multiples, qui permettent d'aboutir à la découverte de la vérité. Par l'inspiration conceptualiste on aboutit à de prétendues lois formelles de l'esprit, valables universellement pour tous les individus, pour tous les temps et pour toute espèce de recherche ; et fatalement, en définitive, à la théorie du syllogisme.

Par l'inspiration nominaliste on est non moins fatalement entrainé à la conception de méthodes expérimentales, se diversifiant à l'infini, suivant le but à atteindre et l'objet sur lequel porte la recherche. Au lieu de penser dans l'abstrait et le général, on concevra des modes particuliers d'observation et d'expérimentation en mécanique, en astronomie, en physique, en chimie, en minéralogie, en cristallographie, en géologie, en biologie, en zoologie, en botanique, en psychologie, en ethnologie, en sociologie. Au lieu de se maintenir dans des considérations générales nécessairement imprécises et vagues, on disséquera l'idée jusqu'en ses derniers éléments ; on les pensera seuls, et sur eux seuls, on fera porter toute la spéculation.

En sociologie se perçoit aussi l'oscillation qui agite

(¹) *La Division du travail*, introduction.

toutes nos idées générales. Dans sa phase idéaliste, la sociologie est la science qui permet aux hommes de former la cité de Dieu et de réaliser son œuvre dans les sociétés. Cette conception est celle de tous les hommes religieux de notre siècle, à quelque dogme qu'ils appartiennent. « La vie du genre humain, nous dit Lamennais, n'est qu'une perpétuelle ascension vers le principe permanent de toute vie, une croissance perpétuelle en Dieu ([1]) ». On ne saurait mieux exprimer le point de vue de l'idéal en sociologie. Renan, qui est bien l'esprit le plus anarchique de notre siècle et qui, une fois ou l'autre, a admis tous les points de vue, a exprimé non moins vivement celui-ci : « Nous sommes le jouet d'un égoïsme supérieur qui poursuit une fin par nous... nous sommes dupés savamment par la nature en vue d'un but transcendant que se propose l'univers et qui nous dépasse complètement ([2]) ». La destinée sociale, nous dit à son tour Proudhon, n'est qu'un long mythe où se joue l'Esprit infini, préludant à la création de quelque nouvelle humanité ([3]) ». On saisit aisément le procédé : il consiste à porter sa notion de l'humanité à l'infini ; à la perfectionner qualitativement, à l'accroître quantitativement en y faisant entrer tous les hommes passés, présents et futurs et même tous les êtres qui participent à la vie, à l'envisager enfin dans ses valeurs idéales et à spéculer sur cette limite.

Dans la phase conceptualiste, la sociologie, comme les autres branches de la philosophie, use d'idées générales, de concepts universels mais non transcendants. Elle assigne pour but à l'évolution sociale « le bonheur du genre humain », « l'intérêt universel », « la liberté universelle », « l'égalité », « la fraternité ». Elle jongle avec des abstractions et des universaux ; elle agite les notions de « consensus universel » de « raison sociale », de « tendances naturelles de la société », de « justice

([1]) LAMENNAIS. — Le livre du peuple, XIV.
([2]) RENAN. — Dialogues philosophiques.
([3]) PROUDHON. — La Révolution sociale, IX.

sociale » etc... Au lieu d'observer les réalités positives
dissimulées dans les concepts, elle préfère s'attarder dans
des définitions littéraires et scholastiques ; elle se com-
plait au rythme et au balancement harmonieux des
périodes ; elle sonde « le· fait social », analyse les caractères généraux de l'individu, et aboutit à un entrechoquement souvent stérile de notions.

Dans la phase nominaliste, la sociologie voit des réalités et des faits sous les idées. Elle observe les phénomènes sociaux comme les phénomènes physiques dans
le plus grand détail possible ; elle envisage successivement les phénomènes ethnographiques, linguistiques,
économiques, religieux, moraux, intellectuels, artistiques,
historiques ; et parmi ces derniers elle discerne encore
des catégories : les migrations, les conquêtes, les guerres,
les révolutions, les influences des grands hommes. Elle
use de l'expérimentation toutes les fois que la chose est
possible. Elle étudie les relations entre le développement
d'une société et sa structure gouvernementale ; entre la
multiplication des institutions et le perfectionnement de
la société ; entre la valeur des individus et la valeur de
l'agrégat social ; entre la diffusion de l'instruction et la
moralité de l'enfance ; entre les besoins sociaux et les
fonctions sociales destinées à les satisfaire. entre les
subsistances et l'accroissement de population, etc... Elle
aboutit à des lois positives de même nature que les autres
lois scientifiques, quoiqu'elles n'expriment pas en général
une relation quantitative : loi de Malthus, loi de substitu-
tion, loi de la division du travail, loi des taxes excessives
sur les capitaux, etc...

Les répercussions de l'oscillation que nous analysons, se
font sentir jusque dans les doctrines de la politique moderne.
A chacune des phases de cette oscillation, correspondent
des formes politiques et des pratiques différentes. Personne n'a démontré mieux que Taine comment le point de
vue conceptualiste est à la base et à l'origine de la politique révolutionnaire qui reste, par bien des côtés, la politique même de la société contemporaine. « La raison

classique, dit-il, trouvait plus commode de fermer l'œil
sur l'homme réel, de rentrer dans son magasin de notions
courantes, d'en tirer la notion de l'homme en général
et de bâtir là-dessus dans les espaces..... Le problème
ainsi posé, tout le reste suit... Conformément aux habitudes de l'esprit classique et aux préceptes de l'idéologie
régnante, on construit la politique sur le modèle des
mathématiques. On isole une donnée très simple, très
générale, très accessible à l'observation ; l'unité sociale.
reliquat de l'homme.... On suppose les hommes créés à
vingt et un ans sans parents, ni passé, ni traditions, ni
obligations, ni patrie... En cet état tous sont première-
ment égaux, secondement libres... Liberté, égalité, souveraineté, sont les premiers articles du contrat social.
déduit d'une définition primordiale, comme les autres
droits du citoyen, les grands traits de la constitution, les
lois politiques ou civiles, la forme, l'esprit de l'Etat nouveau. (¹) »

Taine lui-même critique chacune des idées, des notions,
des théories de Rousseau et des révolutionnaires, en se
maintenant dans la doctrine nominaliste ; en substituant
des faits aux abstractions vides, en interprétant les idées
sociales dans leurs valeurs concrètes et empiriques. Il
oppose à l'homme idéal et général, l'homme réel ; à
un peuple composé d'unités abstraites le peuple vrai,
composé de paysans, d'ouvriers, de bourgeois, de pro-
vinciaux ; à une psychologie sommaire, abstraite, générale, valable pour tous les hommes, la psychologie de
chaque groupement social ; à la religion de l'idée pure,
de la Raison, de l'Être suprême, la religion traditionnelle,
basée sur des faits et des réalités, sur une pratique de
dix-huit siècles, sur une série nombreuse de témoignages,
sur la croyance de soixante générations, sur des nécessités d'habitude et d'hérédité, sur une masse imposante
de faits et de résultats positifs.

Notre théorie du suffrage universel, repose elle-même

___

(¹) TAINE. — *Les origines de la France contemporaine.*

sur une interprétation conceptualiste de l'idée d'homme et d'électeur. Elle est valable à la condition que tous ceux qui prennent part au suffrage, soient également compétents dans les questions sociales, c'est-à-dire qu'ils soient égaux en intelligence, en instruction, en expérience politique. Elle suppose à sa base une notion abstraite de l'électeur, identique dans tous les pays, dans tous les temps et dans toutes les circonstances ; d'un électeur insensible aux influences extérieures, aux passions, à l'intérêt; d'un électeur idéal, enfin, qui n'existe nulle part, sauf dans les cerveaux de ceux qui pensent suivant la forme conceptualiste. Du point de vue nominaliste, la théorie du suffrage universel constitue la pire des absurdités ; si on considère l'homme tel qu'on le rencontre, avec ses préjugés, ses antipathies et ses sympathies naturelles, ses haines de classe, ses passions, ses ignorances, on ne peut raisonnablement confier la même part de pouvoir à Berthelot et au paysan des Cévennes, ni accorder la même part d'influence à chacun de ces hommes dans le choix des législateurs. Ce changement de point de vue politique entraîne une refonte radicale du système. Renan s'inspirait du nominalisme quand il critiquait le suffrage universel : « Il ne sera légitime, disait-il, que quand tous auront cette part d'intelligence sans laquelle on ne mérite pas le titre d'homme..., la stupidité n'a pas le droit de gouverner le monde. Comment, je vous prie, confier les destinées de l'humanité à des malheureux ouverts par leur ignorance à toutes les captations du charlatanisme, ayant à peine le droit de compter pour des personnes morales ? » Nous percevons distinctement l'origine d'une des plus violentes controverses de ce siècle : suivant que les penseurs interprètent leurs idées générales dans le sens conceptualiste ou conformément au nominalisme, ils approuvent notre régime électoral, ou, au contraire, se posent en réformateurs et aspirent à un autre idéal.

Nous pourrions montrer dans la législation contemporaine, la répercussion de cette oscillation dialectique. Il existe des lois fondées sur la considération exclusive de l'homme idéal; il en est d'autres qui, par l'uniformité même de leurs prescriptions et leur universalité, témoignent nettement qu'une notion conceptualiste de l'homme a présidé à leur promulgation. Tandis que toutes les lois, au contraire, qui ont un caractère restrictif et limitent l'ampleur des précédentes manifestent la prédominance du point de vue nominaliste.

Jusque dans les moindres détails de la vie sociale se fait sentir cette différenciation continue de principe et d'inspiration. Si nous examinons les peines édictées contre un même crime nous sommes frappés d'un fait capital : c'est que, certains jugements (surtout parmi les jugements rendus par les Conseils de guerre) sont directement inspirés par l'idée de justice en soi, fixe, immuable, qui ne condescend pas aux détails, ni aux contingences de la personnalité, qui exige vengeance et qui entraîne expiation. D'autres jugements manifestent une tendance « égalitaire » si l'on peut ainsi parler ; elle consiste à ne voir que le criminel en général, ce criminel abstrait, quelconque, identique à d'autres, et à prononcer des pénalités rigoureusement uniformes pour un même délit ou crime. D'autres enfin, et c'est heureusement le plus grand nombre, dénotent l'inspiration directe du nominaliste, par l'importance qu'ils attribuent très justement aux détails de personnalité : atavismes, mentalité, état cérébral, tares morales, inconscience, passivité, circonstances externes, degré de responsabilité, etc. Ce n'est plus le criminel en soi que l'on punit, ni même le criminel quelconque coupable d'un délit déterminé ; mais tel criminel concret, pris au moment et sur le lieu même du crime et dans son état d'âme à l'instant précis où il l'a commis.

Arrêtons ici une analyse que nous prolongerions inutilement ; elle aboutirait toujours à la même confirmation. Il est dès à présent incontestable qu'il se produit au sein de la conscience contemporaine une oscillation de ses idées générales, en vertu de laquelle celles-ci passent sans cesse, sous l'action d'une force dialectique irrésistible, de certaines valeurs idéales à des valeurs abstraites et enfin à des valeurs positives et concrètes, ou réciproquement. Et il est non moins incontestable que cette oscillation fondamentale constitue un centre puissant de vibrations intellectuelles secondaires, puisque nous en vérifions le rythme latent en chacune de nos divergences mentales, en chacune de nos antinomies et de nos contradictions.

Que nous importe, aurait-on pu dire avant cette analyse, que l'esprit moderne oscille d'une interprétation réaliste de ses concepts à une interprétation nominaliste ? Ce sont là oscillations de philosophes qui n'intéressent à aucun titre la conscience sociale et qui ne peuvent la troubler ; l'anarchie qui brouille leur cerveau n'a pas de répercussion dans la masse du peuple qui n'a nul souci de leurs contradictions et de leurs dissensions. Nous ne croyons pas qu'une pareille critique puisse porter à présent, si on a saisi les relations logiques qui régissent tout le domaine intellectuel. L'oscillation des idées générales ne se développe pas dans cette nudité abstraite que l'analyse doit lui imposer pour la mieux dégager. Tout un état d'âme, tout un système intellectuel, toute une mentalité, toute une série de conséquences sont impliqués dans chacune des phases de cette oscillation fondamentale.

Ces trois centres de vibrations engendrent tous les produits hétérogènes qui éclosent soudainement à la surface de la conscience collective, et qui étonnent par leur divergence inexpliquée et déconcertante. Ce sont là les trois racines fondamentales d'une foule d'opinions variées et contradictoires, qui se développent ensuite dans l'esprit moderne en floraisons opulentes et inextricables ; ce sont les trois éléments dont la fermentation inconsciente donne naissance à cette multitude d'idéaux antagonistes qui troublent si profondément la conscience contemporaine.

Trop souvent, on explique la diversité, la variété et la divergence des doctrines par des causes extérieures, telles que les préférences individuelles, les influences de l'éducation, le préjugé, les passions politiques. Il est toujours possible de les expliquer intellectuellement et par les seules relations logiques ; car, toutes nos oscillations mentales, depuis les plus scandalisantes jusqu'aux plus imperceptibles, se rattachent à quelques centres communs d'où part tout le mouvement et d'où découlent toutes les divergences des esprits modernes. Les relations logiques des états intellectuels de la conscience moderne sont fatales : les conséquences découlent des principes naturellement, nécessairement, et l'oscillation fondamentale entraîne une multitude de vibrations élémentaires, avec la régularité monotone d'un balancier entraînant les rouages d'une horloge.

En résumé, toutes les idées générales de la conscience contemporaine sont susceptibles d'être interprétées et employées dans trois significations profondément hétérogènes : dans un sens idéaliste, dans un sens conceptualiste, dans un sens nominaliste ; ou, en d'autres termes, dans leurs valeurs idéales, dans leurs valeurs moyennes, et enfin dans leurs valeurs concrètes, positives et actuelles. Les esprits passent périodiquement de l'un à l'autre de ces points de vue, sans que la critique puisse les réfuter autrement qu'en leur opposant l'une quelconque de ces trois interprétations. Cette oscillation fondamentale entraîne à sa suite une foule incalculable d'oscillations secondaires dans la conscience contemporaine ; elle est le centre, le lieu géométrique, la cause d'un grand nombre d'opinions divergentes dans tous les domaines de la spéculation. Elle constitue donc, comme l'oscillation des méthodes, un puissant facteur d'anarchie intellectuelle.

Ce n'est pas par une assimilation toute fantaisiste d'un phénomène psychologique avec un phénomène physique que nous parlons, ici encore, d'oscillation mentale. Tous les caractères du mouvement dialectique de nos idées générales autorisent ce rapprochement, d'ailleurs extrêmement fécond pour l'interprétation scientifique de l'anarchie mentale. N'avons-nous pas ici la continuité essentielle à tout mouvement ? N'avons-nous pas le passage nécessaire

d'un point de vue à un autre, en vertu d'une force dialectique irrésistible ? N'avons-nous pas, enfin, le retour indéfini du mouvement sur lui-même et sa réversibilité
constante ?

Nous avons déjà vu, par l'exemple même du concept
d'homme, et nous pourrions le vérifier sur tous, que nous
passons du point de vue nominaliste au point de vue
conceptualiste, et de là, au point de vue idéaliste,
par une ascension continue, par une progression ininter-
rompue de valeurs. Si nous ne retenons de cette oscillation que ses trois phases principales, ce n'est pas que le
mouvement soit discontinu, mais, parce que le langage ne
note que « le fait accompli », et manque de mots pour les
nuances du « fait s'accomplissant » ; nous sommes con-
damnés à concevoir les divers moments d'une évolution
sans les pouvoir exprimer. Nous pourrions d'ailleurs, si cela
était absolument nécessaire pour emporter l'assentiment
du lecteur, rétablir cette continuité de phases ; car les intermédiaires existent et ont été déterminés. Certains
penseurs subtils ne veulent s'en tenir à aucune des phases
principales de ce mouvement dialectique ; ils sont amenés
à prendre des positions intermédiaires, et ont par conséquent contribué à relier les positions extrêmes de l'oscillation par une série continue de déterminations nouvelles.

Notons, en second lieu, que la conscience moderne
ne se laisse pas aller au rythme de cette oscillation
dialectique par un mol abandon au scepticisme et au
dilettantisme. Est-ce par caprice ou par fantaisie que le
pendule bat la seconde ? Le mouvement de l'esprit n'est
pas moins fatal. Sans cesse, l'idée générale se trouve
entraînée dans de nouvelles formes par une force logique
aussi irrésistible que les forces qui entraînent les corps
célestes dans l'espace. L'instabilité inhérente à l'expérience
du sujet pensant, la nécessité d'envisager les idées
tantôt dans leurs valeurs idéales, tantôt dans leurs valeurs
moyennes, et tantôt enfin dans leurs valeurs réelles, imposent fatalement à l'esprit cette différenciation constante
de point de vue.

L'expérience du sujet, à propos de l'une quelconque de
ses idées générales, porte-t-elle sur quelques types
spéciaux, bien caractérisés et peu nombreux ; d'autre
part, les besoins de la spéculation n'exigent-ils pas la
considération des ensembles, de l'extention et de la compréhension totale de l'idée : le point de vue nominaliste
dominera. Nous aurons des conséquences, des raisonnements, des doctrines, des actes mêmes conformes à ce
point de vue limité. L'expérience va-t-elle croissant ; les
individus ou les faits observés vont-ils sans cesse s'accumu-
lant, en même temps que les propriétés communes à ces
divers individus ; la compréhension et l'extention de l'idée
croissent elles-mêmes ; il n'est plus possible, à ce moment
de l'expérience, de penser la notion sous un autre point
de vue que le point de vue conceptualiste. Nous aurons
alors des conséquences métaphysiques, morales, scientifiques, politiques, conformes à ce point de vue et en harmonie avec lui. Enfin, l'expérience va-t-elle toujours croissant qualitativement et quantitativement ; et, l'imagination aidant, cette expérience dépasse-t-elle à un moment
donné toute limite positive, toute valeur concrète. Le point
de vue conceptualiste éclate de lui-même ; il est trop
étroit et ne suffit plus pour penser la notion à ce moment
de son évolution dialectique. Elle devient un idéal, un
archétype, un objet de culte comme l'idée platonicienne,
une essence transcendante supérieure au sujet pensant,
supérieure à la réalité. De là toutes les formes de mysticisme de la pensée moderne : mysticisme de la Science,
mysticisme de l'Humanité, mysticisme de la Solidarité, de
la Raison, de l'Etat providence.

Ce mouvement oscillatoire est réversible ; il peut
reprendre en sens inverse et cela arrive même en fait au
sein de la conscience moderne. S'il est des esprits qui, partis
d'une interprétation nominaliste des concepts, s'élèvent à
la contemplation mystique de leurs valeurs idéales, il en
est d'autres qui accomplissent une évolution contraire ;
partis de l'idéalisme, ils reviennent à la contemplation des
valeurs concrètes et positives de l'idée. Auguste Comte

a accompli son évolution mentale dans le premier sens.
Après s'être obstinément maintenu dans la contemplation exclusive des valeurs positives des idées, il s'est
laissé aller, sur la fin de sa vie, à user de ses concepts
dans leurs valeurs idéales. Il n'a plus vu que ce grand
Être collectif « qui remonte dans les profondeurs inconnues du passé, embrasse le présent avec ses diversités
et descend dans l'avenir infini et insondable ». Il a porté
l'humanité à de telles valeurs qu'il l'a divinisée et en a fait
l'objet d'une religion ; la terre est transformée en grand
fétiche ; l'espace devient la fatalité, les nombres ont des
vertus mystérieuses ; la femme est déifiée.

L'évolution de Renan a été très complexe. On peut
dire cependant qu'elle s'est effectuée en sens inverse de celle
de Comte. Il a abandonné les régions de l'idéal et du mysticisme pour les sphères de la réalité positive, la contemplation des valeurs idéales, pour l'étude des valeurs réelles
de l'idée. Dans ce même sens évoluent, en général, tous
ceux qui abandonnent la religion pour la science ; dans le
sens contraire, ceux qui s'élèvent de la science à la religion.
Mais, la plupart des esprits, comme Renan lui même, oscillent sans discontinuité d'un point de vue à l'autre, jouets
dociles de la force logique qui est en eux.

CHAPITRE IV

DU MOUVEMENT OSCILLATOIRE
DES IDÉES DIRECTRICES DE LA CONSCIENCE
MODERNE

SOMMAIRE. — I. Le mouvement oscillatoire des idées directrices de la conscience moderne, troisième facteur d'anarchie intellectuelle. Les sceptiques, Kant et Hegel. — II. La vibration de la notion d'absolu et de la notion de liberté, type de la vibration de toutes nos idées directrices. — III. Cause et nécessité de cette vibration de nos idées transcendantales.

I

Parmi les idées de l'esprit humain il en est de trois sortes. Les unes positives reposent sur une expérience directe et ont la même compréhension et la même extension pour tous les esprits. A cette catégorie appartiennent toutes les idées « singulières » qui désignent un objet unique de son espèce ; telles sont les idées de soleil, de carbone, d'azote, de cristal, de diamant, de droite, de diamètre ; à cette classe appartiennent encore les idées dont la compréhension et l'extension sont limitées et demeurent à peu près identiques pour tous les esprits ; idées de planètes, d'angles, de mouvements, de races. Les variations de ces idées au sein de la conscience individuelle ou sociale sont à peu près nulles, et elles ne sont pas susceptibles quant à leur signification d'interprétations différentes. Aussi ne donnent-elles guère lieu à des phénomènes de contradiction et d'anarchie mentale.

La seconde catégorie comprend toutes les notions générales dont la compréhension et l'extension sont indéfinies.
Celles-ci reposent encore sur l'expérience et y plongent
leurs racines ; mais elles s'étendent bien au delà dans les
régions du pur idéal. Elles affirment plus qu'elles ne
pourraient positivement le faire et renferment un élément
virtuel infini par rapport à leur élément positif. Telles
sont les idées que nous avons analysées dans le précédent
chapitre. Elles sont susceptibles d'une infinité de valeurs
qualitatives et quantitatives, comme nous l'avons démontré, et par conséquent aussi d'interprétations différentes.
Elles donnent lieu à un mouvement oscillatoire qui constitue l'un des facteurs les plus importants de notre anarchie
mentale.

La troisième catégorie comprend les idées directrices
de la conscience moderne. Elles sont ainsi appelées
parce qu'elles président à la spéculation et à l'action et
parce qu'elles sont comme des centres lumineux d'où
émanent nos tendances intellectuelles et nos aspirations.
Nous pourrions les nommer aussi avec Kant « idées
transcendantales » ; ou, avec Herbert Spencer, « idées
dernières de la Religion et de la Science ». Elles ont cela
de caractéristique qu'elles ne reposent sur aucune expérience positive, et évoluent dans les sphères du pur idéal.
Étant des produits de l'esprit, elles prennent autant
d'aspects que l'esprit leur en impose. Ce sont des concepts
problématiques dont le contenu est indéfini ; des idées
représentatives ou symboliques de réalités incompréhen-
sibles. Loin de se cristalliser dans une forme fixe et immuable,
ces concepts, par une frappante analogie avec une bille
lâchée sur une table de marbre, sont longtemps soumis à
un mouvement rythmique et vibratoire avant de se fixer
dans une position d'équilibre stable et de pouvoir être
exprimés dans une formule lapidaire. Ce mouvement
d'oscillation entre deux positions antithétiques, dure
d'autant plus longtemps que la conscience où il se produit
est plus accueillante, plus sympathique, plus synthétique ;
qu'il rencontre moins d'obstacles, moins de préjugés enra-

cinés, moins d'influences héréditaires, moins de parti pris, d'exclusivisme, d'ignorance et de sectarisme. Ce mouvement n'aurait même aucune raison de s'arrêter dans une conscience absolument vierge, qui ne serait travaillée par aucune des passions ni des atavismes du siècle, et qui ne serait point tirée dans certaines directions définies par les nécessités impérieuses de l'action et de la vie pratique.

Il semblera peut-être à quelques esprits dogmatiques, naturellement décisifs et affirmatifs, que, lorsqu'un état mental de l'espèce en question surgit dans la conscience sociale, il y persiste dans un état d'homogénéité absolue, aussi longtemps que nous le voulons ou que nous ne trouvons pas d'arguments valables pour le rejeter ou le mettre en doute. Cela peut être vrai pour une conscience sans critique qui reçoit ses notions et ses dogmes du préjugé ou de l'autorité ; il ne saurait s'élever des profondeurs d'une intelligence inactive aucune objection, aucune difficulté, aucune raison de doute. Cela peut être vrai encore pour un esprit plein de parti pris qui veut, contre toute vraisemblance, maintenir inébranlable une conviction plus ou moins fortuite qui lui est chère. Mais, cette fixité du concept transcendant ne subsiste plus, dès qu'il est interprété par une intelligence éclairée, au courant des controverses de la spéculation philosophique et au niveau de son siècle.

Ces idées, qui peuvent être fixes et homogènes pour certains esprits pourvus d'œillères, subissent toujours dans la conscience collective, et aussi dans les consciences individuelles les plus développées, une différenciation, une évolution incessante, rapide et subtile entre deux points fixes et symétriques. Tantôt, ces notions s'intègrent, s'enrichissent, prennent des valeurs qualitatives et quantitatives supérieures ; tantôt, au contraire, elles se désintègrent, se dessèchent, s'appauvrissent jusqu'à devenir absolument vides de tout contenu positif. Mais, que ces notions subissent une intégration ou une désintégration, le phénomène dans son essence reste exactement le même et absolument incontestable. Les

idées directrices de la conscience moderne, pour qui sait
en embrasser toute l'amplitude ne se maintiennent pas
uniformes. Elles sont, et doivent être dans un état de
perpétuelle oscillation entre deux positions extrêmes.
l'une positive et affirmative, l'autre négative et contradictoire de la première. A propos de chacune de nos idées
directrices il se produit, au sein de l'esprit collectif,
de ces oscillations dialectiques.

Les sceptiques, ainsi que Kant et Hegel ont aperçu, dans
une perspective plus ou moins brumeuse, ce phénomène
d'oscillation des idées directrices de la conscience collective
Mais, aucun de ces penseurs n'est parvenu à l'expression
scientifique de ce phénomène et ne l'a envisagé au double
point de vue psychologique et social. Aucun n'a songé
non plus à l'intégrer dans un ensemble de phénomènes
du même ordre, et à lui donner sa signification totale. Tous
en ont présenté des interprétations plus ou moins défec-
tueuses, qui enlèvent au phénomène sa véritable portée
et sa haute valeur sociale.

Les sceptiques, en développant l'argument de la contradiction universelle d'une façon exclusivement sophistique
et avec une rage passionnée, ont complètement faussé le
sens profond du phénomène et en ont tiré des conclusions
outrées contre la pensée humaine. En étendant abusive-
ment l'antinomie à toute espèce de notions, et en faisant
de la pensée humaine un vaste système d'antinomies et
d'oppositions, ils dépassaient ce que l'expérience positive
leur révélait. Ils affirmaient beaucoup plus qu'ils n'auraient
dû d'après une observation rigoureuse.

La philosophie criticiste a bien compris, il est vrai, la
nature de l'oscillation de nos idées transcendantales et
l'égale validité des deux limites extrêmes de cette oscillation, la thèse et l'antithèse. Mais, elle n'a aperçu et discuté
qu'un très petit nombre d'antinomies, et non des plus
intéressantes au point de vue social. Elle n'a analysé que
les deux pôles extrêmes de ce mouvement oscillatoire, la
thèse et l'antithèse, l'affirmation et la négation. Elle n'a
pas compris la continuité de cette oscillation, de ce mou-

vement antinomique ; elle n'a pas soupçonné qu'entre ces
deux positions limites : « il y a un absolu ; « il n'y a pas
d'absolu», « la liberté est » « la liberté n'est pas» se placent
une foule d'intermédiaires plus ou moins voisins de l'affirmation ou de la négation ; qu'entre ces extrêmes, il existe
en quelque sorte, un pont qui les relie et en rétablit la
continuité ; que ces deux limites constituent, l'une le
commencement, et l'autre l'aboutissement d'un processus
intellectuel, d'une progression sérielle qui se poursuit
sans solution de continuité de la thèse à l'antithèse ou
réciproquement.

Quant à Hegel, il a éminemment saisi le principe de
déséquilibre interne inhérent à nos concepts abstraits et
aussi le mouvement oscillatoire qui en résulte ; il a même
marqué pour chacun sa position d'équilibre. Mais, il est à
regretter, qu'au lieu de s'attacher à des antinomies réelles,
et à grande portée sociale, il ait dépensé tout son effort
à résoudre et à analyser des oppositions et des mouvements factices, purement logiques, et symboliques tout au
plus des mouvements réels qui régissent les divers états
de la conscience collective.

Ce mouvement oscillatoire de nos idées directrices ne
constitue donc pas, de notre part, une invention paradoxale, puisqu'il a déjà fait l'objet de l'étude des plus
grands penseurs.

II

Mais, il ne suffit pas de poser la réalité de ce nouveau phénomène d'oscillation, alors même que nous
appuirions notre affirmation sur l'autorité des sceptiques,
sur celle de Kant et de Hegel. Il est surtout nécessaire
de le dégager, de l'isoler, et, par une analyse exacte, d'en
démontrer la présence dans la conscience moderne et la
nécessité inéluctable.

Prenons d'abord le concept d'Absolu. Il forme en
quelque sorte le sommet de l'échelle ou de la progression
de nos idées directrices. Nous constatons que cette notion

est dans un état de vibration continue au sein de la
conscience moderne, et, par conséquent, dans un état de
déséquilibre permanent. La vibration, comme toute
vibration intellectuelle, s'effectue d'une position positive
et intégrée à une position symétrique de la première. .
négative et désintégrée, ou réciproquement. Cette notion
oscille sans cesse entre deux extrêmes, la thèse et l'antithèse, en passant par une infinité de positions intermédiaires que Kant, dans son étude des antinomies, n'a point
aperçues et dont la philosophie n'a déterminé encore que
les principales. Essayons d'analyser de notre point de vue
ce mouvement vibratoire, en ayant soin d'en marquer les
divers moments essentiels.

Si nous suivons l'oscillation de la notion d'Absolu dans
la conscience moderne, comme le physicien suit celle d'un
pendule dans l'espace, nous pouvons noter les positions
fondamentales suivantes, qui sont autant de déterminations différentes de l'Absolu. A son premier moment,
à l'origine de son mouvement vibratoire, le concept
d'Absolu correspond à un être vivant et pensant, doué
des qualités de l'humanité, portées à leur plus haut
degré de perfection. Cette conception anthropomorphique
de l'Absolu subsiste encore dans la conscience d'un grand
nombre de « croyants », et pour la plupart des âmes
naïves et simples qui en sont restées à un stade tout à fait
primitif de l'intelligence, il n'en existe pas d'autre.

Cependant, cette notion grossière renferme dans son
sein un principe de négation et de destruction ; elle ne
tarde pas à se désintégrer et à s'épurer pas la force même
de l'illogisme qui réside en elle. Pour un degré supérieur
d'intelligence, l'Absolu devient radicalement inacceptable
sous la forme précédente ; il est amené ainsi à commencer
un mouvement d'évolution parallèle à la progression et
à l'évolution de l'esprit, qui l'entraînera dans une position
diamétralement opposée et nettement négative de la première. L'Absolu ne peut être logiquement doué des attributs de la personnalité, parce que ceux-ci, toujours relatifs
par nature, sont négatifs du concept même qu'ils veulent

déterminer. Il faut donc qu'il soit autre chose qu'une
personne, quelque essence supérieure à la personnalité
elle-même. Remarquons qu'il ne dépend pas du caprice
de l'esprit de passer de cette première position à une
nouvelle position moins irrationnelle; il y est contraint,
entraîné, par la force même de la logique qui l'aiguillonne
par derrière et le force d'avancer. Seule, la force d'inertie
pourrait s'opposer à ce mouvement, mais pour tout esprit
actif et vivant, ce mouvement est nécessaire. Il est emporté dans l'espace idéal, comme notre corps est emporté
dans les espaces par le mouvement de la planète qui le
supporte. La notion d'Absolu, pareille au vivant dont
l'évolution s'opère sourdement, malgré lui et en dehors
de lui, est donc contrainte de s'incorporer dans une
forme mentale nouvelle, de subir une autre définition,
d'en venir au second stade de son évolution.

Après l'avoir conçue comme une réalité anthropomorphique, l'esprit, poussé par la force logique qui est en lui,
conçoit l'absolu comme une substance pure, douée d'un
faisceau d'attributs abstraits et infinis. C'est la doctrine
déiste. A ce second moment de sa vibration, l'Absolu
devient une essence métaphysique, incorruptible; un principe abstrait nécessaire, infini, cause et raison finale de
l'univers. Ce principe peut être encore immanent ou transcendant, intérieur au monde ou extérieur à lui ; ce sont là
autant de petites oscillations élémentaires de la conscience
collective qui viennent s'ajouter à la principale.

Il semblerait que cette nouvelle position du concept
d'Absolu soit plus stable que la précédente, puisqu'elle
est plus élevée, plus parfaite, plus rationnelle. Il n'en
est rien cependant. A ce moment de son évolution comme
au précédent, la même force interne subsiste, qui
pousse ce concept hors de cette nouvelle détermination
comme elle l'a poussé hors de la première. Par un illogisme
interne analogue au précédent, l'Absolu doit avancer
encore d'un degré, pour échapper à la nouvelle contradiction et aux imperfections qui subsistent dans cette
définition. L'esprit essaye alors une foule de détermina-

tions intermédiaires, qu'il est obligé de rejeter successivement et de remplacer par de nouvelles, toujours poussé par une force logique invincible vers je ne sais quel idéal intangible. L'Absolu, devient successivement le Bien, l'Un, le Tout, la Vérité, la Loi éternelle, la Raison universelle, la Volonté, l'Idée, l'Inconscient, etc. Tous les vocables insondables, toutes les rêveries, toutes les élucubrations, toutes les sottises entassées de l'impuissance humaine s'échelonnent pour arriver à une définition adéquate, sans que le but soit jamais atteint ; sans que le mouvement vibratoire s'arrête ; sans que l'évolution de la notion prenne fin.

Nous ne répéterons point ici la série de ces moments intermédiaires, non plus que le physicien, dans l'analyse d'un mouvement pendulaire, ne s'attache à noter et à retenir chacune des positions du mobile sur sa trajectoire. Qu'il nous suffise d'en indiquer la continuité, qui pourrait être rigoureusement établie par une analyse spéciale. Le lecteur voudra bien se rappeler seulement, que chacun de ces moments intermédiaires de la notion d'Absolu est poussé hors de lui-même, par une sorte d'illogisme interne et de force dialectique toujours inhérente aux définitions successives de l'esprit collectif. Arrivons à la limite de la vibration, à son dernier moment, symétrique de son moment initial.

N'ayant point trouvé jusqu'ici de satisfaction, l'esprit. exaspéré et toujours soumis au même entraînement logique, en arrive après mainte tentative malheureuse à douter du contenu et de l'objet de la notion d'Absolu. On nous dispensera de rééditer ici la série d'arguments par lesquels Kant, Hamilton, Spencer et leurs disciples déclarent inconcevable la notion d'Absolu, et problématique son objet. Quiconque est au courant de la pensée du siècle a présente à la mémoire cette argumentation qui constitue l'une des plus importantes controverses des temps modernes. De l'affirmation hypothétique de l'Absolu à la négation radicale, il n'y a qu'un pas. Cet intervalle est franchi par les positivistes, les sensualistes, les matérialistes, qui se refusent de parti pris à sonder leurs concepts transcendantaux, et qui, *a priori* les déclarent absolument vides de tout contenu positif.

Ainsi, le concept d'Absolu, après avoir parcouru le cycle de ses positions positives et de ses transformations, vient s'anéantir dans les brumes insondables de l'Inconnaissable. L'Absolu n'est plus qu'un « noumène », un trou noir, une crevasse intellectuelle, l'inintelligible et l'incompréhensible; la limite inférieure où la connaissance s'abîme dans le néant ; ou, comme le soutient brutalement le naturaliste allemand Oken, le zéro de pensée et d'être.

Ici, s'achève le mouvement vibratoire de la notion d'Absolu, et son oscillation au sein de la conscience moderne. Cette oscillation peut reprendre en sens inverse ; mais, c'est toujours les mêmes alternatives, les mêmes fluctuations incessamment répétées ; le même rythme indéfini, les mêmes positions parcourues d'une vitesse plus ou moins grande.

Cette vibration de notre notion d'Absolu, un peu longuement décrite, parce que nous la présentons comme un des types du genre de vibrations mentales que nous étudions, se reproduit sensiblement avec les mêmes caractères essentiels, à propos de toutes les autres idées de la conscience moderne, à propos de tous les concepts qui ne sont point fixés dans une forme inextensible par l'expérience positive ou la représentation directe. Seuls, les concepts qui sont l'objet d'une expérience positive, qui l'ont été ou qui peuvent l'être dans les conditions actuelles de la pensée, échappent à ce mouvement d'oscillation.

Le concept de Liberté n'est point susceptible de vérification expérimentale et ne saurait être fixé dans une position déterminée par aucune intuition sensible. Il est un de ceux qui nous révèlent très nettement la présence d'un mouvement vibratoire dans nos idées directrices, parce qu'il a parcouru le cycle complet de son oscillation et a été observé dans chacune de ses phases intermédiaires entre la négation et l'affirmation. Essayons d'analyser rapidement la trajectoire idéale qu'il parcourt d'un mouvement plus ou moins continu, et dont tous les points fondamentaux sont maintenant déterminés. .

A l'origine de l'oscillation, la liberté est une propriété de la divinité, un attribut de Dieu lui-même. Il faut logiquement qu'il en soit ainsi ; sinon l'Absolu manquerait d'une perfection essentielle à son existence ; il ne serait plus l'Absolu. Qu'il soit conçu comme Personnalité, comme Substance universelle, comme Force, comme Inconnaissable, comme Inconscient, comme Volonté, son expansion dans l'univers ne relève que de lui-même : elle est donc libre. On a beau la concevoir comme fatale ; elle reste encore libre, comme l'a démontré M. Fouillée, parce qu'elle ne peut être asservie à aucune condition extérieure. Telle est la doctrine de l'indéterminisme absolu qui trouve encore dans la société moderne de fervents et d'irréductibles partisans.

Cependant, la notion de Liberté, ne peut se maintenir dans cette forme sans illogisme. Le principe de déséquilibre inhérent à tout concept transcendantal agit toujours. Elle se trouve emportée de cette détermination initiale, dans une position nouvelle, accomplissant ainsi une petite fraction de sa vibration. De propriété de l'Absolu, la liberté devient bientôt propriété seulement de l'être intelligent, de l'être capable de choix et de discernement. Modifiée quantitativement, elle subit aussi une fluctuation qualitative non moins remarquable. De spontanéité naturelle et essentielle, elle devient libre arbitre, faculté de choisir entre deux contraires. Elle consiste désormais dans le pouvoir d'opter entre des possibilités diverses, avec faculté de réaliser l'une ou l'autre, sinon matériellement, du moins mentalement. Ce n'est plus qu'une liberté de choix dans certaines alternatives spéciales, non une indétermination naturelle et universelle, inhérente à l'intelligence et à la matière inerte.

Cette liberté de choix, étendue par quelques penseurs modernes à toute action humaine, est restreinte par d'autres à une infime minorité d'actes privilégiés, rares même dans le cours d'une vie. Elle se rétrécit encore quan-

titativement et qualitativement. Elle n'est plus spontanéité naturelle, comme à l'origine ; ni même spontanéité
consciente, comme à son second moment. Mais, « la
faculté d'agir sous l'influence de l'idée de Liberté ([1]) » ; ou
« le rapport de l'être conscient à l'acte qu'il accomplit ([2]) ». A ce point déjà de sa vibration dans la conscience
moderne, nous sentons que la notion de Liberté s'ap-
proche de sa limite, de son terme, de l'antithèse définitive.
Ces doctrines ne sont guère, par rapport aux premières,
qu'un déterminisme dissimulé et mitigé. Les actes libres
sont des produits rares, clairsemés dans l'existence individuelle et même dans l'existence collective ; ils sont l'apa-
nage d'une élite capable d'agir sous l'inspiration de l'idée-
force de liberté ; capable de ne laisser s'infiltrer dans la
substance du moi aucun élément étranger, aucune influence extérieure, qui l'altérerait et en compromettrait
l'intégrité.

Le concept de Liberté, toujours poussé à de nouvelles
déterminations par la force-vive qui réside en lui, atteint
enfin la limite de son évolution et le terme de son mouvement oscillatoire dans les doctrines déterministes et
fatalistes. Ici, cette notion devient une pseudo-idée, sans
correspondance dans la réalité, une idole de l'imagination
spiritualiste, un néant de pensée et d'existence.

Ainsi, le concept de Liberté, d'abord positivement défini, puissamment intégré et concentré, perd peu à peu
et par des restrictions progressives, des parties de son
extension et de sa compréhension. Il se vide finalement
de tout son contenu et vient aboutir à sa négation pure et
simple, à son antithèse radicale. N'est-ce pas une vibration
intellectuelle, entre deux limites fixes, l'une positive et
l'autre négative ; la même oscillation rapide ou lente
s'accomplissant avec rythme et sans bruit au sein de la
conscience moderne, comme les oscillations d'un pendule
dans l'espace matériel ?

([1]) M. FOUILLÉE. — *Liberté et déterminisme.*
([2]) M. BERGSON. — *Les données immédiates de la conscience.*

cendantaux. Dans l' « *Essai d'une théorie scientifique du Concept de Vérité* » nous avons démontré que la notion de Vérité oscille perpétuellement entre l'affirmation dogmatique et la doctrine sceptique ; la première doctrine prétend que la vérité est dès à présent une réalité absolue ; la seconde refuse toute objectivité à cette notion et en fait un pur fantôme, une hallucination de l'esprit humain. Elle oscille entre la doctrine idéaliste et la doctrine empiriste ; entre la doctrine théologique et la doctrine positiviste. Nous avons étudié cette oscillation dialectique dans tout son détail et dans toute son amplitude ; nous avons marqué toutes les phases de son évolution avec assez de soin pour qu'elle nous serve de modèle et nous dispense d'insister ici. Nous renvoyons à cet ouvrage quiconque trouverait incomplètes et superficielles les analyses présentes. A titre de document, voici comment nous résumions les oscillations de la notion de vérité.

« Quoique très nombreuses si on veut les envisager dans tous leurs détails, ces oscillations peuvent se réduire à quatre fondamentales.

1° Oscillation de l'affirmation à la négation de la vérité à travers la doctrine intermédiaire du probabilisme. Le dogmatisme affirme l'existence de la vérité et la possibilité de la connaître à la condition de subordonner l'esprit à certaines lois logiques et d'éliminer les causes d'erreur. Le probabilisme nie en partie la doctrine précédente ; la vérité absolue n'existe pas et n'est pas possible ; l'esprit, toutefois, est capable d'atteindre partiellement et imparfaitement à la vérité et d'obtenir des probabilités susceptibles d'une infinité de degrés. Le scepticisme nie toute vérité et la possibilité pour l'esprit humain de parvenir à la connaissance du vrai. Chacune de ces doctrines s'abrite derrière une forteresse majestueuse d'arguments, et de plus, revêt dans la philosophie une infinité de nuances qui constituent autant de moments intermédiaires de l'oscillation.

2° Oscillation d'une conception théologique ou transcendantale de la vérité, à une conception empiriste, expé-

rimentale ou scientifique en passant par un moment intermédiaire, la doctrine rationaliste. La première définit la
notion de vérité par un éclair spontané de l'intuition métaphysique, la rattache au concept de Dieu, la dérive de
l'Absolu, en fait un de ses attributs et lui donne une valeur
infinie. Dieu est le centre d'où émane toute vérité et le
principe par lequel elle est communiquée aux intelligences.
Posséder la notion de Dieu intégralement, c'est posséder la vérité tout entière, l'explication universelle, connaître l'origine, la nature et la fin de tous les êtres de
l'univers. Cette doctrine de la vérité est à la base de tous
les systèmes qui posent à l'origine de la philosophie et de
la science, une notion prétendue absolue et adéquate au
principe objectif de toutes choses. Elle est à la base des
systèmes philosophiques de Platon, de Spinoza, de Hegel
de Schopenhauer, de Hartmann, quoique ces philosophes
donnent des définitions divergentes et contradictoires du
principe de toute vérité. Par l'Idée, la Substance, la
Volonté, l'Inconscient, ils expliquent l'univers entier, soit
qu'ils déduisent par voie logique tout l'ordre du monde
comme Hegel et Spinoza, soit qu'ils fassent appel au principe de causalité comme Schopenhauer et Hartmann, soit
même qu'ils déclarent comme certains que la vérité de tel
objet particulier est la conformité au plan divin (¹) ».

La conception rationaliste définit la vérité au moyen
des notions directement émanées de la raison, telles que
les idées de nécessité, d'indissolubilité, d'harmonie, d'identité, de possibilité. « Un jugement vrai, dit M. Brochard(²),
est un jugement tel que nous ne puissions malgré les

_____

(¹) SAINT-THOMAS. — *Somme*, 16ᵉ question. « Res naturales
dicuntur esse veræ secundum assequuntur similitudinem specie-
rum quæ sunt in mente divina. Dicitur enim verus lapis quia
assequitur propriam lapidis naturam secundum præconcep-
tionem intellectus divini ». Et encore (Art. V) : « Non solum
in Deo sit veritas, sed quod ipse sit ipsa summa, et prima
veritas..... Veritas etiam rerum est secundum quod confor-
mantur suo principio scilicet intellectui divino ».

(²) BROCHARD. — *Les sceptiques grecs*, p. 419.

plus grands efforts séparer les termes qu'il unit ; c'est la nécessité qui caractérise la vérité ». « J'aime mieux appeler les idées vraies ou fausses, dit Leibniz (¹), par rapport à une autre affirmation tacite qu'elles renferment toutes, qui est celle de la possibilité. Ainsi, les idées possibles sont vraies et les idées impossibles sont fausses ». Nous rencontrerons une prodigieuse variété de définitions identiques dans le cours de cet ouvrage. On voit le procédé : il consiste à dégager les caractères communs à toute pensée vraie et à les ériger en équivalents, en définitions de la vérité. C'est aussi le procédé que nous avons appelé conceptualiste, et qui consiste à définir des concepts par d'autres concepts, et ceux-ci par d'autres encore, jusqu'à l'infini.

Enfin, la philosophie expérimentale, la science, le positivisme n'admettent comme vérité que les idées ou les rapports susceptibles de vérification expérimentale. Ils rejettent toute conception de la vérité en soi, toute définition abstraite qui tendrait à exprimer une généralité, pour s'attacher à l'étude exclusive des vérités particulières, infiniment variées, multiples et irréductibles. Inutile de faire remarquer qu'il n'y a pas une conception expérimentale unique de la vérité, mais plusieurs solutions hétérogènes, et qu'au sein même de la doctrine empiriste se produit une oscillation élémentaire de la notion de vérité.

3º Oscillation d'une conception idéaliste à une conception nominaliste. La première consiste à envisager et à interpréter la notion de vérité dans ses valeurs idéales, et à user exclusivement de celles-ci dans la spéculation. Cette conception inspire toutes ces envolées mystiques, toutes ces apostrophes, ces hymnes enflammés qu'exhalent à la vérité les apôtres, les poètes, les prophètes. Au nom de cette vérité idéale on dogmatise, on absout, on condamne, on critique ou on approuve, on exile ou on réhabilite. La vérité devient une espèce de déesse païenne dont ont besoin tous les conducteurs de peuples, tous les

(¹) Leibniz. — *Nouveaux Essais.* L. II, ch. XXXII.

juges, tous ceux que l'ambition travaille, tous ceux qui
sont dans la nécessité d'agiter un drapeau pour entraîner
les masses et hâter l'évolution sociale. La seconde conception envisage la vérité dans ses valeurs réelles et
concrètes et ne se laisse point halluciner par le cliquetis
des mots. Elle n'étend pas l'extension et la compréhension
de la notion au delà de ses limites naturelles, mais l'interprète toujours avec exactitude et précision. L'idée ou
le mot qui la désigne n'a pour elle aucune valeur intrinsèque et ne reçoit un contenu que de l'expérience. Or,
comme l'expérience est essentiellement variable, la compréhension et l'extension du concept sont elles-mêmes
instables et variables. Dans toute spéculation elle tient
compte de ces variations. Entre ces doctrines extrêmes, il
est évident qu'il existe des intermédiaires : on pourra concevoir la notion de vérité dans des valeurs relativement
idéales et relativement réelles ; et il y aura même une infinité de points de vue possibles.

4° Oscillation de la conception objectiviste à la conception subjectiviste. La première soutient que la vérité
réside dans l'objet ; la seconde que la vérité constitue une
propriété de l'esprit seul et de la pensée. Saint-Thomas
posait déjà cette alternative d'une façon extrêmement
nette ; « *Utrum veritas sit tantum in intellectu* » ? A quoi
il répond : « *Veritas invenitur in intellectu secundum quod
apprehendit rem ut est, et in re secundum quod habet esse
conformabile intellectui* (¹) ». Même oscillation de la
notion de vérité dans la conscience de Claude Bernard
lui-même. « De même que dans le corps de l'homme,
dit-il, il y a deux ordres de fonctions, les unes qui sont
conscientes et les autres qui ne le sont pas, de même dans
son esprit, il y a deux ordres de vérités ou de notions, les
unes conscientes, intérieures ou subjectives ; les autres
inconscientes, extérieures ou objectives (²) ».

(¹) SAINT-THOMAS. — *Somme*, 16ᵉ question, art. I et V.
(²) CLAUDE BERNARD. — *Introduction à la Médecine expérimentale*, ch. II.

A qui vient d'entendre le rythme de ces oscillations et
à qui en suit le mouvement dans la conscience philosophique, il ne peut paraître douteux, que le concept de
vérité reste pour le vulgaire surtout qui ne peut dé-
brouiller la confusion apparente de ces textes épars, dans
la plus déplorable indétermination et que la critique philosophique ait d'ordinaire tant de peine à manier avec
dextérité et sans hésitation ce critérium suprême de toute
connaissance. Sur peu de nos concepts peut-être s'étend
une ombre aussi épaisse ».

Même oscillation de la notion transcendantale de l'Ame.
Le spiritualisme affirme que l'âme est une essence immatérielle qui préside à la pensée et qui se maintient incorruptible à travers l'éternité ; qu'elle est immortelle et de
nature divine. Le matérialisme soutient que l'âme est une
entité sans réalité objective, une abstraction, une création de l'imagination. Des arguments d'égale force militent en faveur de l'une et de l'autre théorie et entraînent
périodiquement la conscience moderne, de la phase spiritualiste à la phase matérialiste à travers une série de
théories intermédiaires. Ces théories moyennes considèrent l'âme, soit comme une « force » se développant par
la sensibilité, l'intelligence et la liberté ; soit comme le
principe de la vie sous toutes ses formes ; soit comme le
foyer de la personnalité humaine : soit, enfin, comme une
simple formule, exprimant l'ensemble des faits de sentiment, d'intelligence, de volonté. Chacun de ces points de
vue, entraîne évidemment lui-même des conséquences indéfinies dans la spéculation et la pratique, et à chacune des
phases de cette vibration mentale correspondent des états
spéciaux de la conscience collective. L'immortalité, pour
Renan, consiste à insérer dans la série des effets ou dans
le mouvement de la civilisation un élément qui ne périra
pas. « Nous vivons en proportion de la part que nous
avons prise à l'édification de l'idéal, dit-il...... C'est dans
le souvenir de Dieu que les hommes sont immortels......,
Aucun acte ne meurt. Tel insecte, qui n'a eu d'autre vo-
cation que de grouper sous une forme vivante un certain

nombre de molécules et de manger une feuille, a fait une
œuvre qui aura des conséquences dans la série éternelle
des causes ». Cette doctrine est le résultat logique d'une
conception empirique de l'âme, et constitue un des moments intermédiaires de la notion, comme cela est vrai de
toute doctrine analogue de l'immortalité.

Si on réfléchit maintenant que la notion de Raison
vibre également dans la conscience moderne entre deux
positions antithétiques, la doctrine de la Raison imperson-
nelle identique à l'Absolu, et la négation sensualiste ;
qu'il en est de même de la notion de Finalité, affirmée par
les uns, niée par les autres, conçue périodiquement comme
objective et intelligente, comme objective et inconsciente,
comme subjective et comme immanente : que la notion
de Bien métaphysique crée les antinomies de l'optimisme
et du pessimisme avec l'infinité de leurs conséquences
théoriques et pratiques ; si l'on considère, enfin, que
ces oscillations dont nous n'indiquons que les positions
extrêmes sont continues et qu'entre ces deux points s'échelonnent une foule de positions intermédiaires, il est désormais possible de concevoir la complexité, l'ampleur, la
majestueuse puissance de cette troisième oscillation, qui
interfère avec les autres et dont l'ensemble engendre un
merveilleux système de vibrations, analogue au système
des vibrations sidérales et planétaires de notre univers
matériel.

III

Ce mouvement d'oscillation de nos concepts transcendantaux, a été pressenti par les sceptiques de tous
les temps sous le terme inadéquat de contradiction
universelle. Il a été dénoncé et étudié par Kant sous le
nom « d'antinomies » de la raison. Il se pourrait, malgré
cela, que des penseurs irréductibles soient encore tentés,
je ne sais par quelle défiance ou par quelle aberration
d'observation, de le méconnaître et d'en contester la
réalité.

A ces incrédules nous opposerons, non seulement l'évidence du fait qui frappe le sociologue aussi bien que le psychologue, mais encore sa nécessité même. Ce phénomène ne sort point d'un caprice de l'esprit moderne ou d'une fantaisie paradoxale ; il s'impose à l'observation au même titre que la vibration sonore ; il est même nécessaire, ce qui est un comble de confirmation.

Un principe de déséquilibre interne réside, en effet, en chacune de ces notions transcendantales qui ne sont point fixées d'une manière absolue, par une expérience déterminée. Le oui et le non, l'affirmation et la négation habitent ces concepts, comme le blanc et le noir habitent la notion générale de couleur : comme le pair et l'impair cohabitent dans la notion synthétique de nombre. La thèse avec l'antithèse sont impliquées dans ces états intellectuels supérieurs ; la contradiction est essentielle à la vie de ces idées, comme les deux extrémités d'une droite sont essentielles à cette droite, au point que, vouloir la leur ôter, c'est détruire ces idées elles-mêmes. Cette contradiction interne, nous la sentons plus ou moins vive dans toute manifestation spirituelle ; seulement, il est certaines notions dans lesquelles elle ne nous énerve pas, et ne nous intéresse pas. Déjà, dans la notion mathématique de nombre, qui pourtant nous semble en parfait équilibre, nous trouvons l'antagonisme permanent du pair et de l'impair, de l'unité et du multiple et, par conséquent aussi, une certaine oscillation. Une oscillation est aussi inhérente à la notion d'homme ; ce terme s'applique également à des personnalités telles que Taine, Renan, Napoléon, Berthelot et aussi à des individualités vagues, amorphes, obscures qui touchent à la limite de l'humanité et de l'animalité. Il en va de même pour une foule de concepts jouissant d'une certaine indétermination interne. Bien que le principe de déséquilibre inhérent à ces états de conscience n'ait point la faculté de nous irriter, de nous scandaliser, le principe de déséquilibre inhérent à nos concepts transcendantaux, n'est pas d'une autre nature. Il est aussi nécessaire, et produit des effets analogues dans la théorie

et l'action. Ces états intellectuels supérieurs, tout comme
les autres, enferment en eux, un principe intime de dis-
corde, qui tend sans cesse à les diviser en deux pôles
contraires, l'un positif, l'autre négatif ; l'état d'opposition
continuelle de ces éléments produit une sorte de déséquilibre interne, générateur de mouvement.

Nulle part le principe de déséquilibre n'est plus apparent que dans la notion d'Absolu. En elle se trouve la
contradiction flagrante, provoquante, narguante. A elle
seule, cette idée constitue un centre puissant d'antagonismes et de discordes. Dès qu'elle tombe dans la conscience
moderne, ses deux pôles contraires vous frappent ; immédiatement se produit l'oscillation. Le concept d'Absolu,
en effet, d'une part, exprime l'inconditionné ; d'autre part,
en tant que concept, il est doublement conditionné, et par
l'esprit en général et par l'esprit individuel qui le pense
à tel moment du temps et dans tel point de l'espace.
D'où, contradiction profonde dès le premier pas ; d'où,
destruction du concept d'Absolu par lui-même. D'où impossibilité pour un tel concept de rester en équilibre.
Aussitôt qu'il est pensé, son mouvement d'oscillation commence. C'en est fait de sa fixité et de sa stabilité ; la vibration ne s'arrêtera que lorsque la conscience individuelle ou collective cessera d'en contempler l'essence
mouvante. Absolu, relatif, tels seront les deux pôles contraires, les deux termes connexes de l'oscillation, reliés
par une série d'intermédiaires. Ce principe fatal de déséquilibre, inhérent au concept de l'Absolu, a été aperçu
par un très grand nombre de penseurs. Mais il nous
semble avoir été exprimé sous sa forme sociologique et
avec beaucoup de netteté par Proudhon ([1]). « Cette évolution est inévitable et fatale, dit-il ; l'athéisme est au fond
de toute théodicée... Dieu, créateur de toutes choses, est
à peine créé lui-même par la conscience ; en d'autres
termes, à peine nous avons élevé Dieu de l'idée du moi
social, à l'idée de moi cosmique, qu'aussitôt notre réflexion

---

([1]) PROUDHON. — *Contradictions économiques.* Prologue, p. 6.

se met à démolir, sous prétexte de perfectionnement. Perfectionner l'idée de Dieu, épurer le dogme théologique, ce fut la seconde hallucination du genre humain... Le mouvement athéiste est le second acte du drame théologique ; et ce second acte est donné par le premier comme l'effet par la cause. Les cieux racontent la gloire de l'éternel, dit le psalmiste ; ajoutons : Et leur témoignage le détrône ». Ainsi, à lui seul, le concept d'Absolu est un défi brutal à la logique basée sur le principe d'identité. L'esprit qui pense la thèse, ne peut pas s'y maintenir à moins d'aveuglement ou d'énergie farouche. Je ne sais par quelle impulsion mystérieuse, par quel déséquilibre fatal, il se trouve entraîné à son antipode, lâchant peu à peu du terrain comme un ennemi en déroute.

Que l'on ne nous accuse pas de choisir le concept d'Absolu, préférablement à tant d'autres, parce qu'il semble tout créé pour justifier notre thèse. Le même principe de déséquilibre réside en chaque idée transcendantale comme en celle-ci. Il nous serait facile de le montrer, si nous ne craignions de provoquer l'ennui et la monotonie par une série d'analyses analogues. Prenons encore une notion quelconque, celle de « sujet pensant » par exemple. Soudainement, comme un de ces petits démons hirsutes qui se dressent dès qu'on abandonne le couvercle qui les comprimait, surgit dans la conscience une notion antithétique, la notion « d'objet ». L'attraction est fatale, instantanée ; la conscience est envahie à la fois par la thèse et l'antithèse ; on ne peut penser le sujet sans objet, ni réciproquement. La philosophie veut-elle se mouvoir en plein subjectivisme, se maintenir dans les doctrines idéalistes ; par une contradiction fatale, organique, l'objet l'envahit en même temps qu'elle pose le sujet. Réciproquement, dès que vous voulez penser la notion d'objet dans sa pureté intrinsèque, voilà que subrepticement, contradictoirement à vos propres intentions se glissent dans ce concept, une multitude d'éléments subjectifs, manifestant la présence et l'actualité du sujet au sein même de son contraire. Comme le disent Cousin et Hamilton, « la conscience n'est même que l'opposition vivante, toujours présente du sujet et de l'objet, du moi et du non-moi ».

Ce principe de déséquilibre intérieur à la notion d'objet comme à celle de sujet, engendre également une oscillation idéale véritable dans la conscience moderne. Nous avons analysé cette oscillation dans le deuxième chapitre, de l' « *Essai d'une théorie scientifique du Concept de Vérité* » ; il nous suffit ici de mettre à nu la cause intime qui engendre ce mouvement oscillatoire.

Le principe interne de déséquilibre que nous venons de montrer gisant au sein de nos notions d'absolu, de sujet et d'objet, nous pourrions l'observer dans chacun de nos autres concepts transcendantaux. Tous sont rongés par le même ver intérieur ; tous sont dissociés dans la conscience moderne en deux éléments antagonistes, l'un positif, l'autre négatif, toujours vigilants, toujours armés l'un contre l'autre, et toujours prêts à engendrer un mouvement vibratoire. Tous, sans exception, sont en déséquilib. et s'acheminent sans cesse de la thèse à l'antithèse et réciproquement, à travers une série plus ou moins longue d'intermédiaires.

Cette cause interne d'oscillation inhérente à chacun de nos concepts supérieurs est nécessaire, comme est nécessaire la triplicité des côtés d'un triangle. Ces concepts, en effet, sont essentiellement indéterminés ; non pas qu'ils n'aient aucune signification pour l'intelligence humaine, mais parce qu'ils ne sont pas susceptibles de vérification expérimentale, qui pourrait seule les fixer dans une position définitive ; ou, parce qu'ils sont vérifiables, aussi bien dans leur position positive que dans leur position négative, suivant le degré des existences auxquelles on demande cette vérification. Le concept d'absolu appartient à la première catégorie ; il ne peut pas faire l'objet d'une expérience, d'une représentation positive. La notion de liberté appartient plutôt à la seconde ; cette notion peut être confirmée à la fois dans sa position positive et dans sa position négative, affirmée et niée suivant l'ordre des êtres et des actions humaines auquel on s'adresse pour obtenir cette confirmation. Cette indétermination, fait que, naturellement et par essence, nos notions supérieures oscillent entre l'affirmation et la négation, entre la thèse et l'antithèse. Il n'y a dans ces deux catégories de notions qu'une différence d'élasticité ; cette différence seule engendre la différence d'amplitude de leurs oscillations. Mais, de même qu'une indétermination partielle est essentielle à la notion d'homme et à toutes celles qui lui ressemblent, de même une indétermination intégrale est essentielle et nécessaire à nos notions supérieures et entraine des vibratious multiples de ces notions.

Mais alors, l'oscillation de nos idées transcendantales que nous n'avions analysée d'abord qu'à titre de fait ou de donnée immédiate de l'expérience, doit nous apparaître désormais avec la nécessité d'un effet résultant d'une cause permanente et nécessaire. L'indétermination, l'élasticité de ces idées leur étant intérieure et essentielle, et ce principe interne de déséquilibre engendrant une véritable vibration intellectuelle, il s'ensuit que celle-ci aussi est nécessaire, comme effet d'une cause nécessaire. Ainsi se trouve amplement réfutée, l'opinion de ceux qui se refuseraient à admettre l'immanence en chacune de nos idées directrices de cette oscillation, que nous n'avions d'abord présentée qu'à titre de fait observable.

Remarquons, enfin, qu'il n'y a pas solution de continuité entre les deux positions antithétiques de nos concepts, mais au contraire, continuité réelle. Cette continuité peut ne pas être apparente ; de même que dans un mouvement pendulaire les positions extrêmes du mobile sont seules distinctement perçues, tandis que l'infinité des autres échappent plus ou moins à l'observation. Mais, elle existe toujours et peut toujours être révélée par une analyse suffisamment subtile. Toute théorie intermédiaire de l'Absolu, de l'âme, de la liberté, de la vie etc., peut être considérée comme la fixation d'un point intermédiaire sur la trajectoire de ces concepts. Ce point se trouvera à droite

ou à gauche de la position d'équilibre, suivant que la
théorie favorisera l'affirmation ou la négation et se rap-
prochera davantage de l'une ou de l'autre. Observons en
passant, que, si la thèse et l'antithèse, c'est-à-dire les
points extrêmes de l'oscillation de ces idées, ont été déterminés de très bonne heure, c'est seulement dans ce
siècle, essentiellement conciliateur, qu'ont été fixées et
définies, la plupart des positions intermédiaires de nos
concepts supérieurs.

Ce n'est guère, aussi, que dans le moment présent, qu'il
devenait possible d'envisager les fluctuations de la pensée
sous un point de vue scientifique, en les assimilant aux
vibrations qui se produisent dans le sein même de la
matière.

CHAPITRE V

LE PHÉNOMÈNE DE L'ANARCHIE
INTELLECTUELLE

I

Il n'est pas rare de voir un même phénomène recevoir deux interprétations hétérogènes et offrir un aspect
tout à fait différent suivant qu'il est envisagé du point de
vue du sens commun ou du point de vue scientifique. Les
phénomènes de son, de chaleur, de lumière, d'électricité,
qui représentent pour la conscience vulgaire des sensa-
tions distinctes, spécifiques et parfaitement différentes, sont,
pour l'esprit scientifique, des systèmes homogènes de
vibrations, dont la fréquence, la direction, et l'amplitude
seules sont variables.

Cette divergence d'interprétation que nous observons
à propos des phénomènes matériels se produit également,
par une analogie curieuse, à propos de certains phénomènes psychologiques ou sociologiques, et en particulier à
propos du phénomène de l'anarchie intellectuelle.

Ce phénomène, nous semble-t-il, se manifeste sous deux

formes assez hétérogènes suivant le point de vue d'où on l'envisage. Chacun de ses aspects, d'ailleurs, est nécessaire pour sa compréhension intégrale, comme sont nécessaires les deux interprétations du son ou de la lumière ; l'un correspond à une conception plus synthétique et l'autre à une conception plus analytique. Envisagé du point de vue synthétique, ordinaire au sens commun, le phénomène de l'anarchie intellectuelle apparaît comme une multiplicité hétérogène et irréductible d'éléments intellectuels en état d'antagonisme perpétuel au sein de la conscience collective; comme une sorte d'atomisme mental se manifestant à la fois dans la pensée religieuse, la pensée métaphysique, morale, politique et même scientifique.

Analysons d'abord cet aspect populaire du phénomène : nous passerons ensuite à son aspect scientifique. Nous considérons celui-ci comme seul valable ; vers lui nous ont acheminé toutes les considérations précédentes; mais, on ne saurait imposer victorieusement cette interprétation, qu'à la condition de consentir quelques concessions préalables à un point de vue beaucoup plus familier à la plupart.

II

Considérons d'un regard superficiel de dilettante la conscience collective, ou, pour borner notre horizon, quelques-unes de ces consciences supérieures en qui viennent se refléter et se condenser l'ensemble des idées et des tendances intellectuelles de ce siècle, et qui, par conséquent, symbolisent le mieux la conscience sociale contemporaine. Voici, à peu près, les phénomènes qui s'y manifestent.

La première de toutes les observations, celle qui force l'attention du moins exercé, c'est la complexité prodigieuse de notre organisme intellectuel. La mentalité du penseur moderne est composée d'une infinité d'éléments intellectuels indépendants, de molécules distinctes, presque aussi nombreuses que les grains de sable de la

mer, ou que les points lumineux piqués dans le firmament.
Les pensées, les théories, les systèmes de tous les siècles,
de toutes les civilisations semblent avoir afflué et
affluer sans cesse dans la conscience moderne, comme en
leur centre, en leur lieu géométrique, en leur point d'élec-
tion. Elle est vraiment le confluent de tous les courants
intellectuels qui se sont développés dans le cours des
âges ; l'océan où ont abouti toutes les sources ; où se mêlent toutes les eaux. Je ne sais par quelle soudaine inten-
sification de l'esprit, ou, par quel dilettantisme, ou, par
quelle force d'atavisme intellectuel, se trouvent aujour-
d'hui accumulées et condensées dans la conscience moderne
en un extrait violent les doctrines de l'esprit universel.
Il se rencontre parmi nous des sectateurs de toutes les
sectes ; tout ce que l'esprit a produit d'idées, entassé
d'expériences, réside dans notre intelligence et y forme
cet étrange composé devant lequel hésite l'analyse. La
conscience contemporaine ressemble à une cuve gigan-
tesque, dans laquelle fermentent les poisons et les contre-
poisons de tous les âges, de toutes les philosophies, de
toutes les civilisations. Elle accueille, depuis les doctrines
antiques du polythéisme ou du matérialisme simpliste, jusqu'au panthéisme savant et subtil d'un Renan; depuis les morales primitives de la force brutale, de l'ascendant physique,
de la passion et de l'égoïsme jusqu'aux morales épurées et
raffinées de l'altruisme, du solidarisme, des idées-forces, de
la dignité personnelle, du risque pour le plaisir du risque
etc., etc. Ajoutez à l'entremêlement de ces spéculations
variées, une prodigieuse accumulation d'arguments de
tous genres, perdus, dispersés dans d'immenses volumes :
les uns confirmant les théories, et les autres les contre-
disant. Le tout, produit un bouillonnement intense caractéristique de la mentalité moderne. En résumé, la conscience
collective est un organisme d'une infinie complexité, où
aboutissent une infinité de courants intellectuels ; où vient
se condenser la pensée de toutes les générations. Elle
constitue un lieu géométrique d'idées, le foyer où convergent les rayons intellectuels émanés de tous les points de

l'espace et du temps. Elle est la résurrection, enfin, de tout un passé intellectuel monumental. Cette première apparence révèle déjà l'état anarchique de la conscience contemporaine.

Si nous possédions le principe de cette multiplicité d'éléments et que nous puissions les réduire à l'unité, l'anarchie intellectuelle n'aurait pas l'acuité qu'elle revêt dans l'esprit moderne. Mais, justement, cette multiplicité paraît être irréductible.

Chacun de ces éléments hétérogènes semble former un tout, logiquement indépendant, une sorte de petit absolu autonome qui ne se déduit d'aucun principe supérieur, qui ne se rattache à aucun noyau central. Il est vrai que des réductions partielles sont toujours possibles ; mais, la réduction finale des opinions à un principe commun, l'unification totale est impossible, parce que la plupart de ces éléments intellectuels sont, non seulement hétérogènes, mais souvent contradictoires. L'affirmation d'une notion coexiste, comme nous l'avons vu, avec sa négation et lui est contemporaine ; la foi coexiste avec la science, l'idéalisme avec le matérialisme, le rationalisme avec la théologie, les théories socialistes avec les théories de l'économie politique bourgeoise.

L'intelligence, d'ailleurs, soit négligence, soit découragement, ne semble plus éprouver le besoin de déduire ses doctrines métaphysiques d'un principe suprême ; ni la morale d'un système métaphysique ; ni la politique d'une morale ; ni la conduite d'une politique théorique. Notre morale, notre politique ne sont guère plus que des spéculations d'aventure, livrées au hasard de l'inspiration ; des théories d'adaptation, des systèmes provisoires et opportunistes. Lisez Renan, lisez Guyau, les théoriciens de l'amoralisme et du dilettantisme ; vous trouverez en eux l'expression adéquate de cette tendance moderne. Loin d'essayer d'unifier notre conscience intellectuelle, nous la laissons se composer un peu à l'aventure d'une multitude de petites fédérations indépendantes, qui ne sont subordonnées à aucun principe supérieur, qui ne relèvent que d'elles-mêmes, qui jouissent, en un mot, d'une parfaite autonomie. La plupart de nos idées sont le produit du moment, de l'occasion ; l'incarnation d'une impression, d'une influence, d'un événément ; elles sont aussi fragiles et instables que les phénomènes ; elles émergent dans le cerveau. subitement, spontanément, sans antécédent, au lieu d'être, comme autrefois, le produit d'une commune élaboration sociale, et d'un consensus presque universel. Toute idée étant essentiellement individuelle, participe à l'irréductibilité de l'individu même. Il est impossible de la déduire d'un centre logique ni de la rattacher à un principe.

Outre la multiplicité hétérogène des opinions ; outre leur irréductibilité, nous remarquons que la plupart des notions qui habitent la conscience moderne sont dans un état de lutte perpétuelle, et d'antagonisme chronique qui donne à cette conscience l'aspect d'un champ de bataille. Il se produit aujourd'hui, en effet, des luttes d'idées d'une extrême violence, dont la répercussion, grâce à la diffusion des lumières, se fait sentir dans presque toutes les intelligences et engendre les troubles caractéristiques de l'anarchie mentale. Quoique ces luttes soient indéfiniment variées ; qu'elles se différencient et se ramifient à l'infini, les plus ardentes semblent prendre leur source dans les antithèses fondamentales et essentiellement sociales de la religion et de la foi ; du socialisme et de la doctrine de la libre concurrence ; sans que toutefois, celles-ci étouffent de leur vacarne une foule d'autres luttes théoriques moins bruyantes, mais non moins profondes. Les conséquences d'un système positiviste entrent en conflit perpétuel avec les conséquences d'un régime métaphysique ou théologique. Au sein même d'un régime uniforme se déclarent des discordes et des antagonismes profonds dès qu'il est interprété par des esprits différents et avec des passions différentes. Le positivisme de Comte n'est pas celui de Littré, ni celui de Stuart Mill, ni celui de Spencer. La conception théologique de Renan n'est pas celle du catholicisme orthodoxe. De quelque côté que nous regardions, à l'heure actuelle, nous ne rencontrons plus une notion un peu importante qui ne trouve agressive en face d'elle une notion contradictoire, pas une idée qui ne tende à limiter, à nier, à supprimer une autre idée. Ce ne sont pas seulement les tendances générales qui luttent entre elles pour l'occupation de la conscience contemporaine ; mais encore, chacun des éléments intellectuels dont se composent ces tendances ; de même que, lorsque deux armées se précipitent l'une sur l'autre, ce ne sont pas seulement des masses qui entrent en conflit, mais encore chacune des unités qui composent la masse. De sorte que, l'esprit, qui dans les siècles derniers pouvait se reposer encore en quelques idées inaltérables, ne vit plus en paix avec lui-même, mais au contraire dans un état de tension, et de guerre continuelle.

Cela ne veut point dire évidemment qu'il faille regretter le passé. Ces luttes, ces antithèses, ces oscillations dialectiques constituent la vie même de l'esprit ; plus la contradiction s'épanouit au sein d'une conscience, plus cette conscience manifeste d'activité et de vigueur. Mais le fait lui-même de la contradiction est incontestable.

A ces caractères généraux, le sens commun ajoute, en général, pour les confirmer, une analyse des manifestations principales de l'anarchie, dans les divers domaines intellectuels.

On nous montrera l'anarchie intellectuelle au sein même de la science. Si, d'un certain point de vue, la science constitue un principe puissant d'unification, elle est essentiellement dispersive d'un autre point de vue. Elle exige, en effet, une spécialisation à l'infini des savants, et crée, par conséquent, une certaine incommunicabilité de pensée. Elle tend à enfermer les esprits dans des sphères spéciales ; à les maintenir dans un isolement relatif, et, par suite, à restreindre la pénétration réciproque des consciences. Elle tend à faire du vrai savant qui ne se contente pas de « pillotter » çà et là quelques lambeaux d'une science populaire, une conscience fermée à ses contemporains, vibrant isolément et non à l'unisson de celle de ses semblables ; une conscience ouverte seulement à quelques rares initiés ; une sorte de « monade », enfin, concentrée en elle-même, « sans porte ni fenêtre sur l'extérieur ». La science, avec la complexité et la difficulté qu'elle acquiert de plus en plus, n'est pas destinée à devenir populaire, ni, par suite, à réaliser l'harmonie intellectuelle dans la masse. A supposer qu'elle puisse fonder quelque unité, ou qu'elle soit une digue contre le mouvement anarchique, elle ne pourrait jamais unifier qu'un nombre très restreint de consciences ; par suite même de leur spécialisation ces esprits sympathiseraient toujours très imparfaitement ensemble.

De plus, les lois scientifiques, par une pente fatale vers la dispersion anarchique, tendent à se dissoudre par suite d'une investigation trop détaillée et trop exacte des conditions des phénomènes. Les exigences de la science moderne en fait d'approximation et de précision détruisent toute loi abstraite, et partant toute unité profonde. Par les corrections multipliées que les physiciens apportent sans cesse aux résultats généraux prévus par les lois, les lois elles-mêmes se trouvent partiellement niées. La science affirme l'éternelle évolution et les continuelles modifications des choses, c'est-à-dire leur anarchie. Pour que la loi scientifique ne devienne pas elle-même dispersive, et ne se dissolve pas en phénomènes anarchiques, il faudrait qu'elle se maintienne dans un haut degré de généralité et d'abstraction ; mais, dans ces sphères de la pensée pure, de l'idéalité, elle perd sa réalité, sa vérité, sa nécessité, et devient comme toute spéculation sujette à controverse et à contradiction. Elle est enfermée dans cette alternative; ou, de se maintenir dans une haute généralité, et alors elle participe de l'anarchie de la pensée abstraite et de ses contraditions chroniques ; ou de se subordonner à la diversité des phénomènes, mais alors elle devient dispersive, anarchique, et n'offre plus à la conscience moderne ce beau principe d'unité qu'elle présente sous sa forme abstraite. De toutes façons c'est le même aboutissement fatal, inéluctable.

Auguste Comte à maintes reprises signale cette anarchie

de la pensée scientifique: « L'anarchie scientifique dit-il (¹),
se révèle aujourd'hui surtout... par l'unanime répugnance
de nos savants contre toutes sortes de généralités, par leur
prédilection exclusive, vicieusement systématisée pour des
spécialités de plus en plus étroites ». Et encore : « L'anarchie
scientifique actuelle témoigne journellement combien une
sage discipline philosophique devient désormais indispensable à ce sujet, afin de prévenir l'active désorganisation
dont le système des connaissances positives est maintenant
menacé sous l'irrationnel essor d'une puérile curiosité
stimulée par une avide ambition (²) ». Nous trouverions des
affirmations analogues chez tous les penseurs qui se sont
occupés de la science en général, chez M. Durkeim en particulier (³), et chez un grand nombre de polémistes qui ont
été frappés de l'incoordination et du trouble actuel de la
science.

Le sens commun observe aussi l'anarchie intellectuelle
au sein de la morale, de la métaphysique, et de la religion.
Il faut reconnaître qu'ici son triomphe est facile, et à peu
près complet. Il est manifeste que les penseurs modernes,
loin de favoriser l'unité morale, ont une tendance très
accentuée à abandonner la morale codifiée, apodictique, les
morales du devoir absolu, de l'impératif catégorique, du
principe indiscutable supérieur à toute individualité ; ils
penchent presque tous pour les principes de morale indéfinis ou plutôt individuels et relatifs à la personne morale
qui s'en inspire (⁴). Tels sont les principes subjectifs et
contingents de la bonne volonté, du bonheur. Ils sont anarchiques en ce sens qu'ils varient avec les personnes, qu'ils
ne prescrivent à l'individu aucune action déterminée mais
lui laissent le choix entre une infinité d'actes moraux, im-

(¹) Auguste COMTE. — *Cours de philosophie positive*, 46ᵉ leçon, p. 159.

(²) Auguste COMTE. — *Cours de philosophie positive*, 58ᵉ leçon, p. 638.

(³) M. DURKEIM. — *Division du travail social*, p. 399.

(⁴) Voir GUYAU. — *Esquisse d'une Morale sans obligation ni
sanction*, introd., p. 2.

moraux ou amoraux, qui peuvent concourir et le conduire
au même but. M. Fouillée fondera sa morale sur le
principe absolument négatif de la relativité de la connaissance et aboutira en conséquence au « doute méthodique
en morale », révélant ainsi, le désarroi profond de nos
notions morales. « Tout est remis en question, nous dira-
t-il ; aucun principe ne paraît encore solidement établi ou
du moins à lui seul suffisant ; ni celui de l'intérêt personnel, ni celui de l'utilité générale, ni celui de l'évolution
universelle, ni l'altruisme des positivistes, ni la pitié, ni
le nouveau nirvâna des pessimistes, ni le devoir des
Kantiens, ni le bien en soi et transcendant des spiritualistes ;
la morale du libre arbitre et de l'obligation semble près
de disparaître pour faire place à la physique des « mœurs »
soit individuelle, soit sociale (¹) ». « L'inévitable résultat
général d'une semblable épidémie chronique, nous dira à
son tour Auguste Comte (46ᵉ leçon, p. 97) à dû être, par une
évidente nécessité, la démolition graduelle, maintenant
presque totale de la morale publique, qui, peu appuyée
chez la plupart des hommes sur le sentiment direct, a
besoin par dessus tout, que les habitudes en soient constamment dirigées par l'uniforme assentiment des volontés
individuelles à des règles invariables et communes propres
à fixer, en chaque grave occasion, la vraie notion du
bien public ». Nous n'en finirions pas si nous voulions
citer tous les textes, où le mot d'anarchie morale est pro-
noncé et commenté. Nous disons, commenté, car nous ne
connaissons pas d'étude spéciale vraiment profonde et
systématique de cet aspect du phénomène quoiqu'il ait
pourtant très souvent frappé les penseurs contemporains.
Ils semblent en avoir parlé seulement dans leurs
préfaces ou leurs introductions par accident, quoique on
sente très bien, durant tout le cours de leur ouvrage, que

(¹) M. FOUILLÉE. — *Les systèmes de morale comtempo-
rains*, préface.
M. PAULHAN. — *Le nouveau mysticisme*, chap. I.
BEAUSIRE. — *Les principes de la morale*, introd.

ce phénomène reste comme leur cauchemar et le principe
même de leur dialectique et de leur tentative.

Quant à l'anarchie qui règne au sein de la pensée métaphysique et de la pensée religieuse, elle a fait dans ce
siècle l'objet de tant de commentaires, de disputes, de
dissertations, et nous en avons les oreilles tellement fatiguées, que nous renonçons complètement à répéter les
descriptions du sens commun. Nous laisserons au lecteur
le soin, d'ailleurs peu fatigant, de recomposer lui-même
ce nouvel aspect du phénomène. Nous passerons donc à
l'aspect scientifique de l'anarchie intellectuelle. Il est seul
rationnel et nous avons préparé exclusivement, à travers
les quatre chapitres précédents, l'étude de ce point de vue.

En résumé, une conscience anarchique pour le sens
commun, qu'il s'agisse de la conscience sociale ou d'une
conscience individuelle, est celle où coexistent une multitude de principes divers, capables d'engendrer une multitude de conséquences divergentes ou contradictoires en
morale, en politique, en métaphysique. Ces divergences
théoriques, entraînent une conduite, soit publique, soit
privée, désordonnée, hétérogène et sans unité. Ce n'est
peut-être pas toujours ainsi qu'est envisagée l'anarchie
mentale, car, le plus souvent, les penseurs qui la nomment
limitent sa compréhension à un des domaines particuliers
de la pensée ; mais, c'est à peu près à cette définition
synthétique que l'on aboutit, si l'on condense les divers
points de vue.

On ne peut nier le charme poétique et aussi un peu
équivoque de cette conception vulgaire. Il était nécessaire
de l'exposer dans ses traits principaux pour la compréhension intégrale du phénomène ; nous ne saurions nous y
tenir cependant, sans mériter le double reproche de banalité et d'irrationalité. C'est pourquoi, nous sommes
amenés à reprendre le cours un instant interrompu de
notre dialectique, et à envisager maintenant le même
phénomène sous son aspect scientifique, seul franchement légitime, et seul satisfaisant pour un esprit systématique.

III

Rappelons brièvement ici le sens dans lequel nous avons dirigé nos analyses. Cela nous permettra de prévoir sans effort de mémoire leur point probable d'aboutissement, et la définition scientifique qui découle logiquement de l'ensemble de nos prémisses.

Un problème de psychologie et de sociologie, extrêmement complexe, qui, jusqu'ici, n'avait été pour ainsi dire qu'effleuré, a été ramené à une question simple de dynamique mentale. Au lieu de nous livrer à une série de considérations désordonnées et toujours plus ou moins contingentes sur le phénomène de l'anarchie intellectuelle, comme le fait d'ordinaire le sens commun, nous n'avons considéré jusqu'ici que des mouvements oscillatoires. Nous avons réalisé ainsi le maximum d'unité qu'il soit possible d'atteindre, en ramenant à leur formule scientifique, un ensemble de phénomènes complexes qui, au premier abord, semblaient irréductibles et inassimilables.

Toutes les fluctuations de la pensée moderne, dont le sens commun ne parvient pas à opérer la synthèse et qu'il est obligé de considérer séparément dans les divers domaines de la pensée, nous les avons ramenées à trois oscillations fondamentales. Elles constituent, en quelque sorte, le lieu géométrique de tous les mouvements élémentaires qui se produisent au sein de la conscience moderne, et en expliquent le désordre apparent. La première est une oscillation des modes généraux d'explication de l'esprit moderne : la seconde, une oscillation du système de ses idées générales ; la troisième enfin, une oscillation de l'ensemble de nos concepts transcendantaux. Chacune, comme nous l'avons montré, entraîne une infinité d'oscillations élémentaires de nos états de conscience les plus simples.

Or, nous savons aussi, pour l'avoir établi dans le premier chapitre, et y avoir insisté sans cesse dans le cours de nos analyses, que tous ces mouvements s'accomplissent dans une sorte d'espace idéal limité, qui est la conscience du sujet pensant. N'est-il pas probable qu'ils ne se développeront pas isolément, sans exercer quelque influence réciproque les uns sur les autres ; mais, qu'au contraire, dans cet espace limité, ils vont entrer en composition, ajouter ou retrancher leurs actions, pour aboutir en définitive à quelque résultante commune ?

Il n'est pas rare de voir des mouvements se composer, pour aboutir à un résultat original, imprévu, pouvant dérouter toutes les prévisions de la raison abstraite et de la logique pure. Nous pouvons même être beaucoup plus affirmatif, et soutenir que, lorsque dans un milieu limité, se produisent plusieurs mouvements simultanés, un effet nouveau sortira presque à coup sûr de leurs actions réciproques et qu'ils viendront se fondre en une résultante commune. Nous voyons les mouvements combinés de deux masses qui se heurtent, engendrer, soit une simple rupture de leur équilibre relatif, soit une désagrégation partielle de leurs molécules, soit une destruction concomitante de ces masses elles-mêmes. Il arrive aussi que des phénomènes plus originaux jaillissent de la rencontre de deux mobiles animés chacun d'une certaine vitesse, et qu'apparaissent au moment du choc ou du simple contact, outre les phénomènes précédents, des dégagements de chaleur, des variations de coloration, des manifestations électriques, des variations de forme et de composition chimique. Et remarquons que l'effet total diffère toujours qualitativement et aussi quantitativement des mouvements élémentaires qui lui ont donné naissance, et qu'il n'est nullement impliqué, logiquement du moins, dans le système de causes qui l'engendrent. C'est un des arguments favoris des partisans de l'indéterminisme logique des phénomènes naturels, que cette nouveauté, cette originalité des effets par rapport aux mouvements moléculaires qui les précèdent et les expliquent.

Il se présente même des cas où des mouvements combinés peuvent donner lieu à des résultantes plus bizarres encore. Observez ce qui se passe lorsque les molécules de l'éther ou de l'air entrent en vibration et que des ondes lumineuses ou sonores, parties d'un même point, se super-posent après avoir parcouru des chemins divers. Ne sait-on pas que l'on obtient de l'obscurité dans le cas de vibrations lumineuses ; et l'absence de son, s'il s'agit de vibrations sonores, lorsque la différence des chemins par-courus est égale à un multiple impair d'une demie-longueur d'onde ? N'est-ce pas une preuve manifeste que des mou-vements combinés peuvent engendrer les effets les plus divers, les plus contradictoires et les plus en opposition avec les prévisions de l'arithmétique et de la raison pure ?

Ce qui se passe à propos des phénomènes physiques se produit également dans le domaine biologique et dans le milieu sociologique. Nous voyons des mouvements com-binés d'assimilation et de désassimilation engendrer la vie, la conserver et la propager. Nous voyons l'entre-crois-sement des phénomènes économiques de production, de distribution et de consommation aboutir quelquefois à des crises, et, plus particulièrement, à l'élimination des bras de l'homme, à la dépréciation de la force musculaire, à la revendication violente du prolétariat, et même à des révo-lutions et à des bouleversements sociaux.

Des phénomènes analogues à ceux que nous constatons dans le monde matériel, biologique et sociologique se produisent dans le domaine purement psychologique. Des mouvements intellectuels combinés peuvent donner lieu à une résultante complexe, différente à la fois en quantité et en qualité, des causes qui lui ont donné naissance. C'est précisément le cas dans la question qui nous occupe : les mouvements vibratoires de la conscience moderne donnent en se combinant, une résultante commune qui est préci-sément le phénomène de l'anarchie intellectuelle.

L'anarchie intellectuelle, ramenée à sa définition scien-tifique, nous apparaît donc, dès à présent, comme « la coe-xistence et la simultanéité au sein d'une conscience donnée, d'un triple mouvement vibratoire, d'une triple oscillation fondamentale, entraînant à sa suite un nombre incalculable d'oscillations élémentaires de chacun de ses états de conscience ». Elle résulte directement de l'interférence des trois courants fondamentaux dont nous avons analysé les développements successifs ; elle est leur point d'intersection, et elle atteint son maximum d'intensité et son paroxysme, précisément au carrefour de ces trois mouvements intellectuels.

Chacun de ces mouvements pris séparément, est lui-même, en tant que mouvement, un facteur d'anarchie, et constitue déjà un principe fatal à l'unité mentale. Mais, outre que ces mouvements ne se trouvent jamais isolés, qu'ils sont toujours combinés dans des proportions diverses, l'un quelconque de ces mouvements, ne saurait à lui seul produire ce résultat, dans toute son intégrité, ni par conséquent fournir une définition adéquate du phénomène.

Si telle est la théorie vraiment scientifique de l'anarchie intellectuelle, ce n'est point ainsi qu'elle se manifeste d'ordinaire à la conscience vulgaire. L'esprit populaire est loin de soupçonner sous les phénomènes de chaleur, de son, d'électricité, de simples mouvements moléculaires ; il répugne même à se les représenter sous cette forme abstraite, seule scientifique. De même, il n'y aurait rien d'étonnant à ce que la plupart préfèrent envisager l'anarchie intellectuelle suivant le sens commun, comme une manifestation mentale et sociale indécomposable ; comme une pression, une fusion, une bousculade d'éléments intellectuels antagonistes ; ou encore, suivant un autre point de vue très commun, équivalent au précédent, comme l'absence radicale d'unité spirituelle, la dispersion et l'incoordination des intelligences.

Ce point de vue, d'ailleurs, nous le croyons profondément légitime quoique toujours un peu confus : c'est l'apparence synthétique du phénomène adjacente à la conception analytique et scientifique. Bien plus ; nous sentons même très vivement ce qu'a d'incomplet l'interprétation scientifique. Et faut-il l'avouer ? Nous regrettons d'avoir été obligé, pour la clarté de l'analyse, de disséquer, de dissoudre, de dissocier tous ces éléments disparates,

i

multiples, hétérogènes, compacts qui s'entrechoquent et
forment par leur mélange le trouble de la conscience
moderne. Nous voudrions restaurer cette réalité concrète
que nous avons mutilée ; nous voudrions pouvoir offrir
dans son objectivité naturelle, dans sa complexité, dans
son mélange fuyant, la vaste mer agitée de la pensée
contemporaine. Mais, nous n'ignorons pas la difficulté
insurmontable pour la philosophie, d'opérer une synthèse
adéquate d'un phénomène pour lequel l'imagination et le
talent d'évocation et de description du romancier suf-
firaient à peine. C'est pourquoi, nous admettons très bien
à côté de la représentation scientifique trop émondée
la représentation du sens commun, qui la complète, et qui
réalise la synthèse des divers éléments de notre organisme
intellectuel. Nous comptons d'ailleurs sur le lecteur pour
rétablir l'apparence sensible du phénomène ; nous laissons
à son imagination, travaillant sur ces données abstraites,
le soin de ressusciter ces luttes intimes, ces antagonismes
chroniques, ces chocs d'idées, de doctrines, de théories
dont on perçoit la résonance à toute heure, en tout lieu,
dans toute discussion, en toute causerie. Il rendra ainsi à
cette étude abstraite, sa vie expressive, que lui enlève
nécessairement dans une certaine mesure, l'esprit philosophique.

IV

Cependant, si tel est le phénomène de l'anarchie intellectuelle, idéalement défini dans le cas d'une conscience
idéale, il ne présente pas toujours ce degré d'intensité et
de perfection au sein de toute conscience moderne. Les
mouvements oscillatoires qui lui donnent naissance ne se
produisent pas *in abstracto*, et ne sont pas seuls à entrer
en action : ils sont toujours accompagnés d'une multitude
de causes psychologiques et sociales extrinsèques, capables
de dérouter tout calcul, de modifier profondément les
prévisions théoriques, et de dévier ou même d'annuler
certains de ces mouvements. Il se produit toujours un

certain nombre de frottements, qui, sans cesse, modifient la
vitesse de ces mouvements vibratoires, tantôt les ralen-
tissant, et tantôt au contraire les accélérant. N'avons-nous
pas déjà fait remarquer que l'anarchie d'une conscience
donnée variait en raison même de la vitesse de son mouvement intellectuel, et de ses oscillations ?

Il est donc nécessaire, après avoir envisagé la loi idéale
de composition des vibrations intellectuelles, d'envisager
les causes qui peuvent la modifier. Nous sommes amenés
à étudier à présent les causes accélératrices et les causes
d'arrêt de ces mouvements intellectuels, afin d'être en
état de concevoir les divers degrés d'anarchie intellectuelle, qui peuvent être réalisés par l'ensemble des consciences, et d'être en mesure de construire une sorte de
courbe des valeurs anarchiques de la conscience moderne, analogue à la courbe des valeurs du rapport de
vérité que nous avons établie dans un précédent travail.

Parmi les causes principales qui produisent l'arrêt des
mouvements oscillatoires de la conscience moderne, ou
tout au moins leur ralentissement, et qui fixent nos méthodes et nos concepts dans certaines positions déterminées, il faut mettre au premier rang les nécessités impérieuses de l'action. Sans cesse, nous sommes sollicités
à agir, soit en tant que personne morale, soit en tant
que citoyen, soit même en tant que métaphysicien.
Comme nous ne pouvons agir que dans le sens d'une
opinion, nous sommes obligés, même malgré nous, d'arrêter les oscillations théoriques de nos états intellectuels,
et de fixer un point de leur trajectoire que nous devons
prendre, provisoirement du moins, comme principe d'action. Le refus d'arrêter le mouvement oscillatoire de nos
méthodes et de nos concepts entraînerait une sorte d'abstention pratique, analogue à celle que préconisaient les
sceptiques grecs, mais qui aurait les plus fâcheuses conséquences, et qui, d'ailleurs, est toujours plus ou moins
impraticable.

Cette cause d'arrêt est universelle. Une autre cause
se fait sentir également dans un grand nombre d'intelli-

gences, nous voulons parler d'une espèce de passivité mentale et d'apathie intellectuelle, qui cloue l'esprit sur place et le fixe indéfiniment au point où les hasards de l'éducation et les contingences de la vie l'ont situé. Certaines intelligences sont naturellement inactives et impuissantes à se révolter contre les dogmes de l'autorité et de l'éducation ; d'autres, par suite d'un certain isolement de pensée, ne peuvent prendre connaissance de la critique et des arguments que l'on peut diriger contre les opinions que le hasard leur a imposées.

Ces intelligences, se maintiendront en parfaite stabilité mentale aussi longtemps que des causes antagonistes ne viendront pas déranger le fragile équilibre de leur organisme intellectuel. Cet état d'unité mentale, mais aussi d'asservissement, d'inertie et de végétation intellectuelle, est précisément la condition d'un grand nombre d'esprits modernes, qui, en dépit de la fermentation intense d'idées de ce siècle, en sont restés à une phase intellectuelle tout à fait primitive et très voisine de l'état d'esprit général du moyen âge.

Une troisième cause tend puissamment au ralentissement des oscillations intellectuelles de la conscience moderne et souvent même parvient à les annuler : c'est le préjugé de la nécessité de convictions déterminées pour l'esprit humain. On veut à toute force avoir des convictions, ces convictions fussent-elles incoordonnées, chancelantes, irrationnelles ; quiconque, par intégrité, n'en a pas encore ou en a peu, est considéré comme une non-valeur sociale, comme une espèce de monstre intellectuel que l'on marque des noms infamants de « sceptique » et de « dilettante ». Au lieu de se maintenir à ce point de vue très compréhensif d'où l'on domine toute l'oscillation des concepts et d'où l'on en saisit la vaste amplitude, on préfère souvent se faire l'esclave soumis d'un principe ; borner sa vue à une position du mobile idéal parcourant sa trajectoire ; immoler à une vaine et stérile unité, au risque de recevoir les contradictions de l'expérience, de se faire écraser et triturer par l'évolution incessante des choses, par leur

équilibre toujours provisoire et instable, par leur oscillation analogue et correspondante à l'oscillation de l'idée.
Cet arrêt des mouvements oscillatoires sous l'influence de
convictions arrêtées et obstinées, nous l'observons très
nettement avec toutes ses conséquences pratiques, ina-
daptation au milieu, échecs, mécontentement, haines,
rancœurs, chez certains partis politiques rétrogrades ;
par leur entêtement à rendre inextensibles leurs modes
d'explication, leurs concepts, leurs théories et à se figer
à perpétuité en des formules inélastiques, ils apparaissent
sur la scène publique comme des épaves d'un autre âge,
inadaptés à leur siècle, étrangers au progrès et à l'évolution continue qui emporte la société moderne. Cette
nouvelle cause d'arrêt des mouvements intellectuels, c'est
en somme toute espèce de dogmatisme unilatéral, toute
espèce d'exclusivisme, de sectarisme, conscient ou inconscient, raisonné ou irraisonné, hérité ou acquis.

D'autres causes pourraient ralentir les mouvements des
esprits et atténuer l'anarchie intellectuelle. Une doctrine
officielle, une autorité spirituelle analogue à celle que
rêvait Auguste Comte, un système d'éducation publique
uniforme et puissamment concentré, une censure sévère
proscrivant toute hétérodoxie, la suppression de la liberté
de conscience, de la liberté de pensée, de la liberté de la
presse, contribueraient à maintenir dans une forme fixe
et définie la conscience contemporaine. Mais ces causes
sont d'un autre âge et ne subsistent plus dans la société
moderne, en France du moins. Il y a même infiniment
peu de chance pour que ces conditions se reproduisent
dans l'avenir : des esprits habitués à la liberté depuis
longtemps ne se courbent pas aisément sous le joug d'une
doctrine et l'esprit critique ne saurait renoncer à son em-
pire.

Les causes de ralentissement ou d'arrêt des oscillations
de la conscience moderne sont donc peu nombreuses ; si
elles parviennent quelquefois à annuler complètement les
fluctuations mentales de quelques intelligences, aucune
n'a sur la conscience collective une influence sensible,

capable d'atténuer la vibration qui se produit en elle. Il
faudrait pour l'unifier, ou une autorité spirituelle universelle, ou une discipline sociale uniforme, ou un ensemble
de principes irréfutables et insurmontables. Nous ne voyons
justement aucune de ces causes d'arrêt présentes et agissantes dans la conscience contemporaine.

Bien mieux ; si les causes de ralentissement des fluctuations intellectuelles sont faibles, ou même absentes dans
la conscience moderne, les causes d'accélération sont
nombreuses et puissantes. Leur force totale est largement
suffisante pour faire équilibre aux précédentes et parfois
les annuler.

Au premier rang, nous devons mettre l'esprit critique,
dont la société a fait l'apprentissage pendant plus d'un
siècle, et auquel, par conséquent, les intelligences
modernes sont très entraînées. Cet esprit révolutionnaire
remonte à l'avènement du protestantisme ; mais il a pris
tout son développement depuis le xviiie siècle et depuis
la Révolution. Il s'attaque aujourd'hui à toute pensée,
s'insurge contre toute manifestation mentale, pose et
maintient en face de toute thèse, une thèse contradictoire.
Il enserre perpétuellement l'intelligence dans des antinomies, des antagonismes chroniques ; il la force à accomplir des oscillations en tous sens et à accélérer sans cesse
la vitesse de ses mouvements vibratoires. Nous sommes
imprégnés de l'esprit critique, comme les esprits du
moyen âge étaient possédés du délire mystique. Sa force
agit en nous, à notre insu et malgré nous, et nous entraîne
sans cesse d'une détermination de nos idées et de nos
méthodes à d'autres déterminations ; d'une position à
une position symétrique de la première, de la thèse à l'antithèse et réciproquement. L'esprit critique fait désormais partie intégrante de notre organisme mental.
Jamais la faculté de libre examen n'a été plus pleinement
reconnue, ni plus universellement appliquée que de nos
jours.

Cette cause d'accélération de nos vibrations intellectuelles a été étudiée par Auguste Comte. Il la suit dans l'histoire et dans la civilisation et en marque les effets successifs depuis son origine jusqu'à l'époque contemporaine (¹), « Nous pouvons regarder ici, dit-il, le système entier de la doctrine critique comme essentiellement réductible au dogme absolu et indéfini du libre examen individuel qui en est certainement le principe universel... Les autres dogmes essentiels de la philosophie révolutionnaire ne constituent réellement que de simples conséquences politiques de ce dogme fondamental qui a graduellement érigé chaque raison individuelle en suprême arbitre de toutes les questions sociales......... L'inoculation universelle de l'esprit critique ne pouvait assurément s'opérer sous une forme plus décisive ; car, après avoir audacieusement discuté les opinions les plus respectées et les pouvoirs les plus sacrés, la raison humaine pouvait-elle reculer devant aucune maxime ou institution sociale, aussitôt que l'analyse dissolvante y serait spontanément dirigée ? »

Une seconde cause d'accélération des fluctuations intellectuelles de la conscience moderne, réside dans les principes universellement adoptés aujourd'hui, de l'égalité et de l'inviolabilité des consciences. Auguste Comte (46ᵉ leçon p. 54) reconnaissait déjà dans le dogme de l'égalité un principe fécond d'anarchie politique : « Ce dogme absolu de l'égalité, dit-il, prend un caractère essentiellement anarchique et s'élève directement contre le véritable esprit de son institution primitive, aussitôt que cessant d'y voir un simple dissolvant transitoire de l'ancien système politique, on le conçoit aussi comme indéfiniment applicable au système nouveau ». Le dogme de l'égalité n'est pas moins funeste à l'harmonie intellectuelle. Si les hommes sont égaux en raison et en intelligence ; si, de plus, leur conviction est inviolable comme un lieu sacré, il s'ensuit une inévitable dispersion des esprits dans les

(¹) Auguste COMTE. — *Cours de philosophie positive*, 55ᵉ leçon.

doctrines les plus diverses et leur irréductibilité à une conscience uniforme. Tout individu étant égal intellectuellement, par le seul fait qu'il est en possession de sa raison, à un autre individu, il résulte que tous ont droit à l'expression de leur opinion ; personne ne peut prouver que l'une quelconque d'entre elles n'en vaut pas une autre. C'est la conviction dont sont pénétrés les moindres discoureurs, tous les argumentateurs, tous les doctrinaires ; c'est cette confiance en leur égalité et leur inviolabilité mentales que professent dans toute réunion populaire les esprits même les plus médiocres et les plus ignorants; c'est de ce principe qu'ils s'autorisent pour débiter leurs aphorismes et prendre des allures prophétiques.

L'esprit individuel, n'étant plus absorbé et aliéné comme au moyen-âge dans l'esprit collectif, mais jouissant de par la « Déclaration des droits de l'homme » d'une complète indépendance et d'une radicale autonomie, il n'y a rien d'étonnant à ce qu'il s'élève une floraison de doctrines extrêmement variées, et à ce que chacun, rejetant toute autorité spirituelle, devienne l'unique législateur de son opinion. Cette autonomie, cette égalité, cette inviolabilité de pensée, est un droit pour tout individu; les principes qui inspireront la conscience moderne seront donc aussi variés que les individus eux-mêmes, et ainsi se réalisera cette anarchie mentale dont le règne est presque universel.

Auguste Comte à maintes reprises, a insisté sur ce facteur puissant d'anarchie intellectuelle : « Cette anarchie, dit il, (46ᵉ leçon, p. 91) résulte immédiatement du développement continu du droit absolu de libre examen, dogmatiquement conféré à tous les individus, par le principe fondamental de la doctrine critique ». Il met comme condition à l'unification des intelligences l'abandon du droit de chaque individu au libre examen, laissant nettement apercevoir par là, la puissance désorganisatrice qu'il attribue à cette cause : « L'indispensable convergence des intelligences, dit-il, suppose donc préalablement la renonciation volontaire et motivée du plus grand nombre d'entre elles à leur droit souverain d'examen » (p. 98).

Le développement de l'instruction agit dans le même sens que les causes précédentes. Il rend leur action possible, en même temps qu'il favorise leur effet intégral. L'instruction, en effet, a permis à une foule d'esprits de s'émanciper intellectuellement, de s'arracher à la sujétion autrefois insurmontable du préjugé, de la doctrine traditionnelle, de l'enseignement officiel ; elle a permis à chacun d'avoir, quoique dans des limites restreintes et relatives, sa métaphysique propre, sa morale et sa politique. Elle a fourni à des individualités qui autrefois seraient restées obscures et soumises, l'occasion de se ressaisir, de nier, de critiquer, de détruire, de rebâtir, et par suite d'accélérer les vibrations intellectuelles de la conscience moderne. Elle a contribué à faire évanouir cette raison universelle, qui autrefois révélait à chacun les mêmes principes et les mêmes vérités ; elle a dissipé cette raison collective en une poussière de raisons particulières et phénoménales, raisons qui ont chacune leur point de vue, leur dogme, et qui deviennent la source d'une multitude d'opinions hétérogènes.

En outre, le régime actuel d'éducation ne semble présenter aucun tempérament, aucune cause de frottement capable de ralentir les mouvements intellectuels de la conscience collective. Au contraire, les principes directeurs que l'on soumet aujourd'hui aux esprits, dans les grands établissements scientifiques, sont très variés, et ne revêtent pas un caractère dogmatique et impératif. Toutes les opinions sont professées et exposées ; un enseignement peut contredire un autre enseignement ; la liberté de penser, la tolérance poussées à leurs limites extrêmes y sont pratiquées ; de sorte que, des générations entières sont soumises, presque systématiquement, à ce régime dispersif. Il serait bien étonnant que cette hétérogénéité de doctrines dans l'élite ne se répercute pas sur la masse, qu'elle n'entraîne pas de multiples oscillations dans la conscience sociale, qu'elle ne la jette pas dans un perpétuel état de déséquilibre interne.

Enfin, la pensée moderne s'accommode très volontiers de cette multiplicité diverse de doctrines et n'a aucun souci de l'unité et de la concentration intellectuelle. Guyau, qui, à bien des titres, symbolise la conscience contemporaine, nous recommande ouvertement « la plus grande variété dans les idéaux poursuivis ». « Plus il y aura de doctrines diverses, dit-il, à se disputer le choix de l'humanité, mieux cela vaudra... plus il y a de gens à penser différemment, plus grande est la source de vérités qu'ils embrassent. Il ne faut donc pas craindre la diversité des opinions ; il faut au contraire la provoquer ; deux hommes sont d'un avis contraire, tant mieux peut-être ; ils sont beaucoup plus dans le vrai que s'ils pensaient tous les deux la même chose... Puissions-nous en venir un jour à ce qu'il n'y ait plus nulle part d'orthodoxie, je veux dire de foi générale englobant les esprits ; à ce que la croyance soit tout individuelle, à ce que l'hétérodoxie soit la vraie et universelle religion..... il faut fuir toute espèce de direction de conscience ou de direction de pensée comme un véritable fléau ([1]).

A l'exemple de Guyau, la plupart des penseurs ne ressentent plus le besoin de coordonner les éléments épars qui leur viennent de tous les horizons, ni d'en former la synthèse. On ne court plus, comme autrefois, vers ces idées centrales d'où toute opinion particulière découlait logiquement et uniformément pour toutes les intelligences. On se contente d'inductions parcellaires, sans se soucier d'en composer l'unité ni de s'élever à leur principe ; peu importe que les éléments de l'intelligence soient divers ou même contradictoires ; peu importe qu'ils manquent de concentration, de suite et d'uniformité, pourvu qu'ils soient adaptés à la diversité des situations et répondent aux contingences du moment. On vient de l'entendre ; cette multiplicité hétérogène, cette absence d'unité, cette anarchie mentale est même un signe de progrès et devient la caractéristique d'une intelligence supérieure. Elever les oscillations mentales de la conscience moderne au

([1]) GUYAU. — *Esquisse d'une morale sans obligation ni sanction*, livre IV, ch. II.

rang d'idéal et les présenter comme un but à atteindre n'est-ce pas accélérer leur vitesse et favoriser l'anarchie au sein de la conscience collective ?

Enfin, si on joint à ces causes d'accélération plus spécialement sociales et actuelles, une foule de causes générale s tendant à produire le même effet, telles que la pente naturelle des esprits à la différenciation, à la contradiction et au paradoxe ; la diversité naturelle des intelligences ; les différences de l'expérience individuelle aboutissant normalement à des résultantes mentales divergentes ; les atavismes, les préformations héréditaires, les passions, les affinités diverses engendrant des diversités parallèles dans les doctrines ; il est facile de voir combien faibles sont les causes d'arrêt de nos fluctuations mentales en comparaison des causes d'anarchie et quelle doit être la résultante de ces forces antagonistes dans la conscience contemporaine.

Abandonnons à Auguste Comte le soin d'exprimer cette résultante, afin de laisser à notre conclusion son impersonnalité et son objectivité : « La plus universelle conséquence de cette fatale situation, dit-il ([1]), son résultat le plus direct et le plus funeste, source première de tous les autres désordres essentiels, consiste dans l'extension toujours croissante et déjà effrayante de l'anarchie intellectuelle, désormais constatée par tous les vrais observateurs malgré l'extrême divergence de leurs opinions spéculatives sur sa cause et sa terminaison ». En maint endroit, il nous parle « de l'état flottant et contradictoire où nous voyons aujourd'hui toutes les grandes notions sociales, et qui par une invincible nécessité trouble si déplorablement la vie morale et la vie politique » (46ᵉ leçon). « La grande crise politique et morale des sociétés actuelles, nous dira-t-il encore (première leçon, p. 41), tient en dernière analyse à l'anarchie intellectuelle. Notre mal le plus grave consiste, en effet, dans cette profonde divergence qui existe main-

---

([1]) AUGUSTE COMTE. — *Cours de philosophie positive*, 46ᵉ leçon, p. 90.

tenant entre tous les esprits, relativement à toutes les maximes fondamentales dont la fixité est la condition d'un véritable ordre social ».

V

Si telles sont les causes d'accélération et les causes d'arrêt des vibrations anarchiques de la conscience moderne ; si telle est aujourd'hui, approximativement du moins, leur résultante générale, il ne faudrait pas croire que ces causes interfèrent partout et toujours de la même façon ; ni qu'elles se trouvent constamment dans les mêmes proportions et dans le même rapport où nous venons de les observer.

Il est des époques dans le développement intellectuel de l'humanité, où les causes d'arrêt des mouvements oscillatoires se sont trouvées nettement prépondérantes ; il existe encore aujourd'hui des consciences quelque peu primitives, où ces causes l'emportent largement sur les causes antagonistes. Par contre aussi, il existe actuellement des consciences extrêmement vivaces et actives, où les causes d'arrêt des oscillations mentales sont à peu près éliminées, où il subsiste des causes puissantes d'accélération, et où le phénomène de l'anarchie mentale se produit avec une grande intensité.

D'après les divers modes suivant lesquels se combinent ces causes d'arrêt et ces causes d'accélération, combinaisons dont le premier venu peut imaginer les variétés, il est possible de déduire les modes et les divers degrés correspondants d'anarchie intellectuelle.

Les causes d'arrêt des vibrations mentales sont-elles à peu près nulles, tandis que les causes de leur production et de leur accélération sont nombreuses et puissantes ? Un mode de conscience anarchique naît, où coexistent des principes divers, capables d'engendrer logiquement une multitude de conséquences divergentes, et finalement une série d'actes hétérogènes, désordonnés et sans unité. Nous avons un bel exemple de cet état d'anarchie à peu près intégrale dans la conscience contemporaine où s'agitent et s'entrechoquent une infinité de principes et de doctrines contradictoires comme nous l'avons montré à diverses reprises. Renan a exprimé tous les points de vue, a épousé toutes les doctrines et a accueilli toutes les formes de pensée. Il en est de même de Guyau, de M. Fouillée et d'un grand nombre d'esprits synthétiques, dont la conscience est ouverte à toutes les manifestations intellectuelles et dont la sympathie s'étend au monde entier des idées.

Supposons, au contraire, que pour une conscience particulière, ou pour la conscience collective, les causes sociologiques et psychologiques d'oscillation mentale soient presque nulles, tandis que les causes d'arrêt sont prépondérantes. Il en résulte une conscience unifiée, une conscience dont tous les états intellectuels, tous les principes d'action, sont déduits d'un centre unique et homogène d'où émane tout son éclairement. Seulement, plusieurs cas peuvent se présenter. L'arrêt de la conscience sociale ou individuelle peut se produire, soit sur le moment théologique de la méthode, soit sur le moment métaphysique, soit sur le moment positiviste sous l'action d'une série de causes dont il ne nous appartient pas de révéler ici le détail. Suivant que cet arrêt se fait sur l'un ou l'autre des moments de la trajectoire, nous avons divers modes d'unité, comme nous pourrions avoir plusieurs modes d'anarchie intellectuelle, suivant les divers modes d'interférence de nos oscillations mentales, suivant les modes de coexistence de nos états divergents. Essayons d'éclairer par quelques observations ces formules générales.

Considérons la conscience collective au moyen âge et jusqu'au XVIII° siècle ; considérons même, pour borner notre vue, les consciences contemporaines, qui, en dépit de la multiplication des doctrines et des systèmes, ont conservé cette simplicité archaïque de la conscience primitive, et dans lesquelles des principes religieux inspirent le système de leurs idées, de leurs notions, de leurs

opinons et de leurs actes. On a un remarquable exemple
de l'état intellectuel homogène qui constitue l'antipode de
l'anarchie et qui correspond à ce que l'on pourrait appeler
le « minimum anarchique ». La conscience sociale ou
individuelle se réduit alors à une cellule unique, parfaitement uniforme et concentrée, qui en se subdivisant,
n'engendre que des cellules idéales de même nature.
Cette cellule initiale est ici une certaine idée de l'Absolu ;
d'elle découle par voie logique et quelquefois par voie
interprétative, toute la doctrine métaphysique, morale
et politique de cette société. Malgré la multiplicité
numérique des éléments intellectuels d'une semblable
conscience, leur homogénéité est si parfaite, et sur tous les
esprits on sent tellement planer l'unité d'inspiration, que
l'on demeure confondu devant une telle harmonie d'états
intellectuels. Toutes les broderies extérieures surajoutées
au système central par l'imagination extravagante d'un
peuple mystique ne parviennent pas à rompre l'unité et l'homogénéité mentale, parce qu'elles cadrent harmonieuse-
ment avec la cellule génératrice. Toute conscience, qui
adopte les principes du catholicisme, présente la même
unité et la même homogénéité ; aucune différenciation
essentielle, aucun écart, aucune divergence sensible ; tout
le mécanisme est subordonné à un moteur unique, dont
le rythme uniforme entraîne toutes les intelligences.
Remarquons en passant combien tout est merveilleuse-
ment disposé pour assurer l'unité mentale, la fixité, l'homogénéité de conscience ; combien tout est savamment
combiné pour que la contradiction ne puisse saper ni désa-
gréger l'édifice. D'abord, au sommet du système, l'Absolu.
Le principe étant absolu par définition, est forcément
unique. Il ne peut se développer en face de lui aucun autre
principe, car celui-ci, ou ne serait qu'un dédoublement
verbal du premier, une entité tautologique ; ou il ne serait
pas absolu, donc pas principe. De plus, ce principe possède
à son service, une double puissance, l'autorité spirituelle
et l'autorité temporelle. Très fortement organisées, elles
interdisent à l'individu toute opinion hétérodoxe et se

chargent de maintenir l'intégrité et l'uniformité de la doctrine. C'est l'état de parfaite unité mentale. Auguste Comte la fait historiquement achever à l'avènement du protestantisme, mais, en réalité, elle se rencontre aujourd'hui encore, en certains recoins obscurs de la conscience collective.

Cet état idéal d'unité mentale est le plus caractéristique parce qu'il correspond à une phase de notre conscience nationale, et qu'il est encore très commun parmi ceux qui professent une doctrine religieuse.

Mais il n'est pas le seul. Une conscience peut être unifiée suivant le point de vue métaphysique et suivant le point de vue positiviste. L'esprit qui se maintiendrait avec soin dans l'interprétation idéaliste, ou dans l'interprétation conceptualiste de ses idées générales réaliserait encore des formes d'unités.

Il en serait de même de quiconque se fixerait dans un moment de l'évolution des idées directrices, en adopterait une définition et s'y maintiendrait indéfiniment. Suivre en détail ces possibilités et analyser toutes les formes d'unité qui se sont présentées dans le cours de l'évolution intellectuelle, constituerait un travail indéfini. Peu importe d'ailleurs les phénomènes particuliers, pourvu que nous exposions les diverses phases que peut traverser la conscience contemporaine et que nous en montrions la progression continue.

Nous avons envisagé les deux cas extrêmes, celui où les causes d'arrêt des fluctuations mentales sont nulles, tandis que les causes d'accélération sont dans leur plein effet, et celui où les causes d'accélération étant nulles, les causes d'arrêt ont leur plein effet. Supposons que les causes d'arrêt de nos vibrations mentales décroissent progressivement, tandis que croissent parallèlement les causes d'oscillation. Quels sont les résultats correspondants pour la conscience collective, ou pour une conscience individuelle quelconque ?

Sous l'influence des causes d'oscillation, esprit critique,

libre pensée, l'homogénéité initiale se trouve rompue. Par l'afflux incessant d'idées contradictoires et par l'infatigable activité critique de l'esprit qui, sous prétexte de perfectionnement, suscite de nouveaux idéaux, s'étend l'anarchie intellectuelle. L'unité est d'autant plus vite brisée, que les forces incidentes négatives sont plus intenses ; qu'elles sont plus directement dirigées contre les états de conscience primitifs; qu'elles affluent en plus grand nombre et dans un meilleur ordre. C'est une marche continue vers l'hétérogénéité. La conscience uni-cellulaire du début se transforme en une conscience d'abord bi-cellulaire, puis pluri-cellulaire, et la désintégration se poursuit indéfiniment, sans qu'on puisse lui assigner aucune limite fixe. Dans la conscience collective se développeront les conséquences divergentes des modes d'explication théologique, métaphysique, positiviste. A ce premier système de divergences, pourront s'ajouter les divergences non moins puissantes, qui résultent d'une triple interprétation de nos idées générales. A ce second système pourront enfin se superposer et se combiner des nouveaux systèmes de conséquences contradictoires, provenant de la coexistence, au sein de la conscience, des diverses phases de l'évolution dialectique des idées transcendantales. Si vous ajoutez à cela que chacun des régimes intellectuels que nous avons considérés comme fixes (régime théologique, métaphysique, positiviste) peut être lui-même le siège de mouvements vibratoires d'une extrême importance, que ceux-ci peuvent s'ajouter aux précédents pour concourir au même résultat, il est facile de concevoir combien multiples et divers peuvent être les modes anarchiques des intelligences modernes.

Si nous nous occupions de psychologie individuelle, et si nous n'étions résolus à nous maintenir dans une haute généralité, nous pourrions analyser une multitude de types d'intelligences anarchiques, qui correspondent aux divers degrés et aux divers modes. Nous en verrions qui usent confusément des trois modes d'explication théologique, métaphysique et positiviste et qui accueillent pêle-

mêle les conséquences contradictoires ou divergentes de
ces trois régimes intellectuels. Nous en verrions qui subissent
inconsciemment la triple inspiration idéaliste, conceptualiste et nominaliste et qui professent des doctrines hétérogènes émanées de ces trois centres différents de déduction. Nous en verrions où coexistent l'affirmation et la
négation, la thèse et l'antithèse de tous leurs concepts
transcendantaux. Nous en verrions enfin qui admettent
et qui cultivent en eux les conséquences multicolores de
tous ces principes à la fois ; qui semblent condenser et
faire concourir dans leur cerveau, par un dilettantisme
raffiné, toutes les directions de la pensée contemporaine.
Tel nous apparaît Renan. Il voyait tout « en partie double »
comme il dit lui-même. « J'ai tout critiqué et quoi qu'on
en dise j'ai tout maintenu ». Il a toujours envisagé et exprimé « l'envers de chaque pensée » ; il a toujours saisi
d'un seul coup d'œil « les deux faces opposées dont se
compose toute vérité ».

En résumé, deux états, deux modes antithétiques et
symétriques de la conscience contemporaine suivant que
les causes d'accélération ou les causes d'arrêt sont prépondérantes : l'un correspond au minimum d'anarchie
mentale ; l'autre, à un maximum. Entre ces deux limites
s'ordonnent une foule de valeurs anarchiques intermédiaires ; l'esprit théorique pourrait les déterminer *a priori* ;
chacune correspond à quelque valeur effective, réa-
lisée en quelque endroit de la conscience collective.

S'il se rencontre des consciences où l'on ne perçoit
aucune vibration, aucune fluctuation, aucun déséquilibre
mental ; s'il en est d'autres, par contre, où les concepts
sont en perpétuelle instabilité ; s'il s'en trouve, enfin, qui
se placent entre ces deux extrémités, il y a tout à parier
que leur ensemble forme une progression assez régulière
et assez continue. Il est donc possible de concevoir une
courbe des valeurs anarchiques des consciences contemporaines, analogue à la courbe des valeurs du « rapport
de vérité » dont nous avons étudié les principaux moments
dans notre travail sur « le Concept de Vérité ».

L'anarchie mentale devient une réalité variable susceptible de prendre une infinité de valeurs quantitatives et de
valeurs qualitatives dans la conscience moderne. Les
valeurs quantitatives varient avec le nombre, avec la fréquence, avec l'amplitude des vibrations. Les valeurs qualitatives dépendent de la nature des vibrations mentales
et varient suivant qu'il s'agit d'une oscillation de méthode,
d'une oscillation des idées générales ou d'une oscillation
des idées directrices. Ces valeurs sont illimitées, par suite
de la multitude indéfinie des combinaisons suivant lesquelles ces systèmes de vibrations peuvent interférer
dans la conscience.

Par la notion de cette courbe nous échappons à ce dogmatisme vulgaire et prétentieux, qui affirme *a priori* des
valeurs du phénomène sans les démontrer, et auquel on
peut toujours opposer des valeurs contradictoires, parce
qu'il reste subordonné au particulier et qu'il ne s'élève
pas à la loi scientifique des phénomènes psychologiques,
ou sociologiques. Nous ne saurions déterminer chacun des
moments de cette progression, ni analyser cette courbe
dans tout son détail. Qu'il nous suffise d'en avoir marqué
les phases principales d'un point de vue tout à fait général, sans nous subordonner à aucune évaluation particulière ; c'est le seul moyen de ne point nous départir de
cette impersonnalité et de cette impartialité abstraite, qui
doit toujours demeurer la caractéristique d'une pareille
étude. Le lecteur n'aura plus d'ailleurs aucune peine à
rétablir lui-même mentalement la continuité rigoureuse
de ces valeurs. Il pourra toujours, d'après ces données
générales, procéder à telle détermination spéciale qu'il
voudra, au gré de sa fantaisie et de ses expériences
personnelles.

Lorsque le physicien veut déterminer l'état calorifique
d'une enceinte, il promène dans divers points un thermo-
mètre sensible, note les températures observées, et
construit, au moyen des valeurs enregistrées, une sorte
de graphique représentatif de l'état calorifique du lieu
exploré. Il emploie un moyen analogue pour obtenir l'état

électrique d'une enceinte ou d'une surface : il promène dans les diverses régions un plan d'épreuve qui donne une valeur spéciale pour chaque point touché ; puis, en opérant la synthèse comme tout à l'heure, il construit une représentation graphique de l'état électrique de l'espace considéré.

Après avoir sondé la conscience contemporaine, nous avons aussi obtenu une représentation générale de son état anarchique, ainsi qu'une véritable courbe des valeurs anarchiques possibles de la conscience individuelle ou sociale. Nous aboutissons donc, à une sorte de loi vraiment scientifique. Cette loi, comme les lois physiques ou biologiques, sans tenir compte spécialement d'aucun phénomène particulier, sans se subordonner à l'individuel, sans déterminer spécialement aucun cas, les contient cependant tous dans sa généralité. Elle peut, grâce à son élasticité abstraite se plier aux variations quantitatives et qualitatives des phénomènes, en même temps que servir à leur classification systématique. Si nous voulions procéder avec exactitude à telle détermination particulière que nous voudrions, il nous suffirait de nous reporter à cette courbe idéale, et d'y situer la conscience dont nous voudrions connaître le degré anarchique.

CHAPITRE VI

L'ÉTAT D'ÉQUILIBRE INTELLECTUEL

I

Reste enfin la question capitale, celle vers laquelle tend tout l'effort de la critique moderne ; celle qui attire tous les prophètes, tous les aventuriers de la pensée et de la spéculation, et qui, en dépit de leurs prévisions, demeure pendante.

Quelle sera l'issue de ces mouvements intellectuels, de ces oscillations, dont la perpétuelle interférence au sein de la conscience collective, engendre cette « effrayante » anarchie intellectuelle dont parle Auguste Comte ? Quel sera, d'après les données actuelles de la conscience collective, le terme de cette dispersion des esprits, de ces scissions doctrinales, de ces mortelles divergences d'opinions qui ralentissent l'action des masses et qui énervent sa conduite ? Vers quelle forme stable ou instable s'acheminent ces systèmes inquiétants de contradictions, ces échafaudages spéculatifs dressés les uns contre les autres, ces

antithèses insolubles où se débat l'esprit de la génération
actuelle, et où commence à s'égarer la critique moderne ?
Va-t-il devenir plus exaspéré, ou, au contraire, aboutira-
t-il à une conciliation des partis, ce duel philosophique
presque universel, excité aujourd'hui encore par le
hachisch de la libre pensée ? Le système de nos oscillations intellectuelles tend-il vers une phase d'équilibre
relatif, ou, au contraire, accroîtra-t-il sans cesse la vitesse de ses mouvements, de façon à se résoudre en définitive en un régime d'instabilité mentale radicale ?

Question captieuse, délicate et périlleuse, qui, résolue
prématurément par Auguste Comte, semble réclamer une
autre solution de nos jours. Cette solution flotte dans
l'air ; elle est implicitement exprimée par les tendances
les plus générales de la pensée moderne. C'est elle que
nous voudrions essayer de dégager, sans rien abandonner
à l'a priorisme ni à l'instinct prophétique, et en ayant
toujours soin, au contraire, de nous placer dans la direction que nous suggèrent les faits positifs. L'intérêt du
problème mérite bien que l'on coure l'aventure d'une
solution, surtout si cette solution est normalement tirée
de l'analyse des faits et s'autorise de l'assentiment d'un
grand nombre de penseurs contemporains. Nous sommes
sollicités dans cette voie par la pratique courante de la
science qui ne craint pas de risquer quelques prévisions
anticipées, pourvu que ses hypothèses soient fécondes.
Nous sommes sollicités aussi par les initiateurs de la
pensée contemporaine, qui ne redoutent pas les prévisions
théoriques; ils nous annoncent, comme Auguste Comte
Taine et Littré, l'avènement et la fixité définitive de
l'époque pleinement positive ; ils se livrent à des pro-
phéties plus bibliques encore, telles que celles de l'universelle désintégration du système solaire comme Spencer,
d'une ère de parfaite harmonie morale et sociale comme
les socialistes ; ou, au contraire, ils prédisent l'universelle
résorption de toutes choses dans le nirvâna de la Volonté
ou de l'Inconscient comme Hartmann et Shopenhauer.

Pour pressentir l'avenir, il est bon d'envisager le présent dans son détail et dans son ensemble. L'avenir est contenu partiellement dans l'actuel ; il existe en celui-ci une espèce de préformation subtile, révélatrice des contingences futures. C'est ainsi que procède la science expérimentale ; c'est ainsi que l'on doit faire si l'on veut échapper à un subjectivisme toujours dangereux en ces questions, et qui ne peut donner lieu qu'à des conclusions relatives et entièrement hypothétiques.

Or, de quoi le présent intellectuel est-il fait ? Peut-on dégager dans le mouvement des esprits quelque direction déjà perceptible, qui nous permette de préjuger l'avenir et de conclure à l'état probable et définitif de la conscience collective ? Nous le croyons, et nous allons essayer de dégager cette tendance déjà très caractérisée, quoique encore peu apparente.

Prêtons l'oreille au rythme des vibrations de la pensée moderne ; interrogeons l'horizon intellectuel ; analysons la mentalité de l'élite, toujours un peu en avance sur la masse lente et amorphe, essentiellement propre par là-même à nous révéler l'avenir. Il nous semble que l'esprit contemporain tend, par une sorte d'évolution encore à demi inconsciente mais sûre, vers la synthèse universelle, vers la conciliation et l'intégration de tous ses éléments intellectuels, vers la compréhensibilité indéfinie, vers un état d'équilibre idéal en un mot. Nous disons équilibre, ce qui suppose la coexistence des forces antagonistes ; et non unité mentale, ce qui impliquerait simplement arrêt de l'esprit à un moment de l'oscillation dialectique, cristallisation dans un mode de pensée, immobilité et mort. Voici, d'ailleurs, les faits dans leur éloquente nudité ; voici les tendances convergentes scrupuleusement notées, et les directions de l'esprit moderne interprétées par l'œil impartial de la critique positive.

II

Et d'abord, la discipline mentale des plus illustres

penseurs contemporains présage ce résultat et nous achemine vers cet état d'équilibre intellectuel.

L'éclectisme, jeune et entreprenant, s'annonçait déjà dans un récent passé comme une aurore philosophique nouvelle, faite surtout de tendances synthétiques et d'intentions conciliatrices. « Chaque système, nous dit son principal représentant, exprime un ordre de phénomènes et d'idées qui est très réel à la vérité mais qui n'est pas seul dans la conscience..... D'où il suit que chaque système n'est pas faux mais incomplet ; d'où il suit encore qu'en réunissant tous les systèmes incomplets on aurait une philosophie complète, adéquate à la totalité de la conscience » (*Fragments*, p. 39). Et encore (*Cours*, 1828, 13ᵉ leçon) : « Qu'est-ce que la philosophie que j'enseigne, sinon le respect de tous les éléments de l'humanité et des choses ? Notre philosophie n'est point une philosophie mélancolique et fanatique, qui, préoccupée de quelques idées exclusives entreprend de tout réformer sur elles ; c'est une philosophie essentiellement optimiste, dont le seul but est de tout comprendre et qui, par conséquent, accepte tout et concilie tout. Elle ne cherche sa force que dans l'étendue ; son unité n'est qu'une harmonie, l'harmonie de tous les contraires..... L'éclectisme est la philosophie nécessaire du siècle, car elle est la seule qui soit conforme à ses besoins et à son esprit, et tout siècle aboutit à une philosophie qui le représente ».

Négligeons provisoirement les caractères particuliers et les résultats d'une pareille tendance d'esprit, et ne retenons, pour ne point brouiller l'induction, que l'intention et la direction générale qui se manifestait déjà au début du XIXᵉ siècle. Nous allons la voir s'accentuer, en même temps que se préciser à l'époque contemporaine. Les penseurs sont nombreux, qui, depuis 1830 jusqu'à nos jours, furent remplis du même esprit synthétique et conciliateur, et qui subirent la même inspiration, plus ou moins nettement éclectique. Ne citons que Proudhon, afin de faire sentir la permanence d'un même courant, d'une même tendance générale se maintenant et réapparaissant à travers toutes les divergences et au milieu même des plus violentes contradictions : « Celui-là serait bien peu philosophe, nous dira-t-il aussi, et investigateur maladroit, qui, se renfermant volontairement dans une des mille séries de la nature, prétendrait ramener à cet ordre restreint des créations ordonnées selon des combinaisons innombrables. Loin de là, notre intelligence des choses est d'autant plus profonde, notre compréhension d'autant plus vaste que nous embrassons à la fois plus de séries et de points de vue (¹) ». Et encore : « L'esprit peut trouver dans la nature selon le point de vue où il se place une multitude de systèmes, tous également vrais, bien que la nature elle-même n'en adopte exclusivement aucun ».

A l'époque actuelle, cette tendance synthétique et conciliatrice devient de plus en plus consciente et systématique ; elle devient même, chez ses représentants les plus illustres le procédé critique par excellence, et un besoin intellectuel réellement organique pour l'esprit moderne.

Écoutons Spencer nous parler de cette méthode : « Cette méthode, nous dit-il, (et remarquez qu'il ne se contente pas de la définir mais qu'elle inspirera toute sa philosophie), consiste à comparer toutes les opinions du même genre ; à mettre de côté comme se ruinant plus ou moins l'un l'autre ces éléments spéciaux et concrets qui font le désaccord des opinions ; à observer ce qui reste après l'élimination de ces éléments discordants et à trouver pour ce résidu une expression abstraite qui demeure vraie dans toutes ses modifications divergentes (²) ». Et il ajoute : « Si nous acceptons franchement ce principe général, et si nous suivons la marche qu'il nous indique, nous aurons moins de peine à comprendre les antagonismes chroniques qui divisent les hommes. En l'appliquant non seulement aux idées reçues qui ne nous offrent pas un intérêt personnel, mais encore à nos idées propres et à celles de nos adversaires, nous arriverons à juger avec

---

(¹) PROUDHON. — *De l'ordre dans l'humanité*, ch. III, § 186.
(²) Herbert SPENCER. — *Premiers principes*, ch. I, § 2.

plus de justice. Nous serons toujours disposés à soupçonner que nos convictions ne sont pas complètement vraies et que les croyances opposées ne sont pas tout à fait fausses ».

Une méthode analogue de conciliation, est à la base même de la philosophie de M. Fouillée ; elle forme, en quelque sorte, le principe générateur de toutes ses spéculations et de tout son système. Dès le premier moment de sa pensée, par une sorte d'intuition supérieure en complète harmonie avec les aspirations confuses du siècle, il pose que « la méthode de conciliation, dans l'ordre philosophique est supérieure à la méthode de réfutation, comme le libéralisme dans l'ordre social est supérieur aux voies répressives ». Et il ajoute : « La Vérité plus large que tous nos systèmes, accorde une place dans son sein aux choses les plus opposées ; elle ne divise pas, elle unit pour régner. Notre pensée à son image ne pourrait-elle se faire conciliante et libérale ([1]) » ?

Cette méthode qu'il avait d'abord érigée d'instinct en règle universelle de sa pensée philosophique, nous le voyons, après l'avoir éprouvée en plusieurs occasions et en avoir tiré tout un système de conséquences très originales et très profondes, en condenser toute la théorie en quelques pages de l' « *Avenir de la Métaphysique* » extrêmement substantielles et qui sont comme le pressentiment d'une ère intellectuelle nouvelle. Dans la méthode de conciliation, on peut, d'après M. Fouillée lui-même, distinguer huit étapes, ou moments divers qui tous convergent vers un même idéal synthétique. Les trois premiers sont plus spécialement critiques ; ils ont pour but, d'éliminer les parties neutres ou communes aux divers systèmes ; de construire ensuite des « systèmes types » plus cohérents, plus systématiques, plus complets que n'ont pu les rendre leurs auteurs eux-mêmes : et enfin de procéder à la critique de ces systèmes transformés, en ayant soin de se référer sans cesse aux données de la conscience et de la science.

([1]) FOUILLÉE. — *La liberté et le déterminisme*. Préface.

Les cinq autres phases, plus fondamentales, sont préparées par les phases précédentes de la méthode. Elles ont pour but la synthèse et la conciliation proprement dite. On recherchera l'idée large et compréhensive qui relie le plus d'idées particulières et analytiques ; le système supérieur, capable de s'assimiler tous les points de vue contingents et personnels. Ce principe universel sera plus qu'une simple généralisation des systèmes différents ; celle-ci ne laisserait comme résultat, qu'un résidu insignifiant, un véritable *caput mortuum* sans intérêt et sans vie. En remontant à des principes plus primitifs, ou en descendant à des conséquences plus lointaines, on montrera ensuite, comment les conceptions les plus hétérogènes prennent une direction convergente ; comment, par exemple, convergent uniformément vers le Bien la morale déterministe et la morale libertaire ; vers l'ordre social, les systèmes de la force, de l'intérêt et du droit, etc. Lorsqu'il restera des idées contraires, on intercalera entre elles le plus de moyen-termes possibles, afin de réduire leur écart et de les amener à converger. Subsistera-t-il dans la théorie des existences inaccessibles ; on établira les équivalents psychiques les plus voisins de l'être métaphysique en question ; on aura, par exemple, l'action de l'idée de liberté équivalente à la liberté dans l'ordre mécanique ; le désir de la liberté équivalent à la liberté dans l'ordre téléologique. Enfin, par le procédé que M. Fouillée appelle « passage inductif à la limite », on transportera dans la réalité ultime les relations fondamentales de l'ordre physique ou psychique ; on déclarera l'être identique à la pensée, l'idée de liberté identique à la liberté, etc...

Quelle que soit la valeur intrinsèque de cette méthode, qui, à notre avis, est un peu trop artificielle, arbitraire et personnelle, il est incontestable qu'elle est en filiation directe avec les précédentes. Elle exprime la même aspiration et la même tendance générale de la pensée moderne, en même temps qu'elle marque un progrès évident sur toutes les méthodes plus ou moins nettement éclectiques qui avaient été préconisées jusqu'ici.

En effet, elle ne s'exerce plus, comme celle de Cousin, sur les doctrines et les systèmes complexes, toujours irréconciliables dans ce qu'ils ont d'artistique et de personnel, mais seulement sur les idées et les réalités simples, presque toujours complémentaires. Elle ajoute toujours et invente pour synthétiser, au lieu de se contenter d'un vague syncrétisme et d'une pure juxtaposition de termes. Elle commence par décomposer, analyser, condenser en quelques formules scientifiques les systèmes de faits généraux, et c'est seulement après cette opération préliminaire, souvent laborieuse, qu'elle érige un type meilleur de construction et d'organisation. Aussi arrive-t-elle toujours à des résultats beaucoup plus originaux et plus universels.

Cette discipline mentale sciemment appliquée aux doctrines et développée d'une façon rationnelle et systématique par les plus éminents philosophes contemporains, nous la voyons s'imposer à une multitude d'esprits qui n'en connaissent pas la théorie abstraite, mais qui en subissent passivement l'inspiration par une sorte d'entraînement dialectique irrésistible. Ses effets se manifestent jusque dans la conduite privée et publique d'un très grand nombre ; leur pensée s'applique à être très vaste, très libérale, très compréhensive, et ils n'excluent de leur sein précisément que les exclusivistes. Cette même discipline révèle son influence jusque dans l'art, par cette tendance aujourd'hui universelle à substituer aux jugements catégoriques sur les œuvres, la liberté la plus absolue d'interprétation et d'émotion. Cette méthode s'est vraiment incorporée à la substance même de l'esprit moderne ; méconnaître ce fait serait faire preuve d'une mauvaise foi évidente, car on ne saurait récuser de parti pris le témoignage positif de l'observation directe.

III

Mais, ce n'est point assez de démontrer que la discipline

mentale à laquelle se subordonne de plus en plus la conscience moderne est tout entière dirigée vers l'intégration, la conciliation et la synthèse. Il faut encore prouver, s'il est possible, que cette aspiration, cette tendance constitutive de l'esprit contemporain, est réellement immanente à toute manifestation intellectuelle et qu'elle se trouve comme une inspiration commune, au fond des opinions les plus originales et les plus hétérogènes.

Et d'abord, considérons ce que tend à devenir dans la conscience moderne cette opposition tragique de la science et de la religion. N'est-il pas de toute évidence qu'elle tend à disparaître, et qu'il se produit un acheminement progressif vers la conciliation, c'est-à-dire vers un état d'équilibre stable. Sous deux formes connexes s'accomplit la synthèse de ces éléments longtemps antagonistes : l'une est théorique l'autre pratique et vivante. Nous voyons des théoriciens rapprocher par des artifices habiles la science et la religion ; d'autre part, il est des esprits en qui se scelle au plus profond de leur conscience et dans la vivante substance de leur âme, l'hymen de ces deux puissances adverses : la réconciliation théorique n'est pour eux qu'un complément et une confirmation de la conciliation pratique.

Nous ne voulons pour preuve de ce phénomène que Herbert Spencer lui-même ; chez lui l'équilibre de la tendance religieuse et de la tendance positiviste et scientifique a peut-être atteint sa plus vigoureuse expression et aussi sa plus haute perfection, « La religion et la science, nous dit-il, sont donc nécessairement corrélatives. Comme je l'ai déjà indiqué, elles représentent deux modes antithétiques de la conscience qui ne peuvent exister séparés. On ne peut penser au connu sans penser à l'inconnu, ni à l'inconnu sans penser au connu ». Il développera avec une grande force, dans la première partie des « *Premiers principes* » cette thèse qui sert de base à sa conciliation : à savoir, que le but final de la critique mutuelle de la science et de la religion ne peut être qu'un accord complet sur cette vérité fondamentale, la plus large et la plus profonde de toutes ; l'existence d'un inconnaissable immanent à la Science aussi bien qu'à la Religion, et dans lequel s'opère nécessairement leur convergence. « La conception la plus abstraite vers laquelle la Science s'avance graduellement est celle qui se confond avec l'inconcevable et l'inintelligible par suite de la suppression de tous les éléments concrets de la pensée ». Et d'autre part, aussi, « dans cette affirmation d'une réalité dont la nature est absolument insondable, la Religion reconnaît un principe essentiellement identique avec le sien ».

Ainsi se trouvent placées l'une en face de l'autre, mais cette fois dans un équilibre parfait et dans une pleine harmonie, des tendances mentales qui longtemps furent considérées comme irréductibles, et que Comte lui-même déclarait profondément antagonistes. Un état de la conscience collective primitivement anarchique, nous le voyons se résoudre en un état synthétique, harmonieux et pleinement équilibré. Par les voies spéculatives les plus diverses, tel est l'état vers lequel se dirigent par ordre de développement intellectuel, tous les esprits modernes. « Malheur aussi à la raison, nous dira à son tour Renan, le jour où elle étoufferait la religion. Notre planète, croyez moi, travaille à quelque œuvre profonde. Ne vous prononcez pas témérairement sur l'inutilité de telle ou telle de ses parties ; ne dites pas qu'il faut supprimer ce rouage qui ne fait en apparence que contrarier le jeu des autres..... Fausses quand elles essayent de prouver l'infini, de le déterminer, de l'incarner, si j'ose dire, les religions sont vraies quand elles l'affirment. Les plus graves erreurs qu'elles mêlent à cette affirmation ne sont rien, comparées au prix de la vérité qu'elles proclament » (*Vie de Jésus*, préface).

Les fonctions respectives de la Science et de la Religion étant définies ; la première ayant reçu le domaine du connaissable ; la seconde, celui de l'Inconnaissable, et l'une ne pouvant empiéter sur l'autre sans usurpation, l'antagonisme qui résultait d'une imparfaite délimitation de leur domaine, tend à disparaître ; il ne subsiste plus

aucune raison sérieuse qui empêché une harmonie stable
de s'établir définitivement. La délimitation des droits réciproques de la Science et de la Religion contribue à l'établissement d'une sorte d'équilibre idéal entre ces deux
systèmes de pensée. Cet équilibre se trouve déjà accompli dans toute intelligence parvenue à une certaine phase
de son évolution vers la compréhension universelle.

Il existe de nombreux exemples de cette tendance spon-
tanée de la pensée moderne vers des formes analogues
d'équilibre mental. Nul n'ignore les antagonismes profonds,
historiques, chroniques qui jusqu'ici ont séparé les trois
systèmes matérialistes, panthéistes, spiritualistes et les
luttes tragiques qu'ils se sont livrées dans' les siècles
derniers. Il semble qu'il doive exister dans la conscience
contemporaine une forme d'équilibre stable entre ces trois
systèmes divergents.

M. Liard nous apprend en quoi consiste cet équilibre·
et comment il est arrivé à le réaliser dans sa propre conscience. Voici le point de` vue qui lui permet d'aboutir à
ce résultat vraiment remarquable, si toutefois notre interprétation est exacte.

Le mécanisme peut rendre compte, cela est incontestable
de tous les mouvements moléculaires. Mais, s'il suffit à
expliquer les révolutions des astres, les réactions chimiques,
les phénomènes calorifiques, électriques, lumineux et
sonores, il est impuissant à rendre compte de la vie elle-
même et hésite devant sa mystérieuse essence qu'aucune
synthèse physico-chimique n'est encore parvenue à réaliser. D'où, nécessité d'une forme d'explication désormais
vitaliste, sinon pour rendre compte scientifiquement du
phénomène de la vie, du moins pour symboliser ce mystère,
pour le tenir sans cesse présent devant la conscience
moderne et attirer à lui tout l'effort intellectuel des générations futures. Il est de même indispensable de recourir
à quelque forme de spiritualisme pour expliquer l'ordre
moral qui se révèle dans l'humanité et qui est aussi irréductible au phénomène vital qu'au mouvement. De même

que des mouvements moléculaires sont les accompagne-
ments du processus vital, de même le processus vital est
l'accompagnement constant de la vie morale ; mais il n'en
reste pas moins vrai que dans le fait de conscience et
surtout dans l'acte moral il y a une nouveauté spécifique et
absolument irréductible.

Ainsi, une doctrine qui conçoit tout sur le type d'un
mécanisme brutal n'explique pas la vie ; une doctrine qui
conçoit tout sur le type de l'organisme vivant n'explique ni
le phénomène de la pensée, ni la liberté, ni la moralité. D'où
la nécessité d'un triple mode d'explication progressive, à
la fois matérialiste, vitaliste et spiritualiste. Incomplètes
dans leur isolement, ces trois doctrines unies et hiérarchisées
constituent, au contraire, un système aussi complet,
aussi approximatif, aussi adéquat que possible à la réalité
totale.

Ainsi se trouvent équilibrés, comme précédemment la
tendance religieuse et la tendance scientifique, trois
systèmes qui longtemps se sont acharnés les uns contre
les autres et qui aujourd'hui seulement semblent se fondre
en une harmonieuse synthèse, à mesure qu'ils prennent
davantage conscience de leurs fonctions respectives.

Quelle que soit la valeur de ces équilibres partiels, pour
la plupart trop subjectifs et trop personnels pour avoir une
répercussion profonde dans la conscience sociale, il n'en
est pas moins certain qu'ils constituent des signes non
équivoques des tendances intellectuelles de la pensée
moderne, et qu'il serait tout à fait étonnant qu'ils ne soient
pas des présages significatifs, pour induire l'avenir intellectuel de l'humanité.

Ce n'est pas seulement dans quelques domaines restreints
de la pensée que se manifeste cette tendance à la synthèse,
à l'équilibre et à la conciliation ; mais presque universellement et dans tous les esprits du moins qui sont au
niveau intellectuel de leur siècle ; il n'y a guère que les
attardés qui ne sentent pas toute la supériorité de ce point
de vue et qui persistent à s'adonner à des disputes de
scholastique et à des parades d'un autre âge.

Voyez l'opposition bruyante et tapageuse, hier encore, du socialisme et de l'individualisme. Elle tend à se résoudre pour la plupart des esprits en un équilibre permanent et en une harmonieuse conciliation. Discernant dans toutes les fonctions et dans tous les produits de l'activité un côté individuel et un côté social, les penseurs modernes (MM. Fouillée, Fournière, Bourgeois etc.) tendent à substituer au socialisme intégral et aussi à l'individualisme absolu non moins utopique, une théorie mixte de la « solidarité » qui unit les deux principes contraires, tout en laissant subsister chacun dans ce qu'il a de légitime et de scientifiquement établi. L'individualisme absolu aussi bien que l'égalitarisme absolu ne sont possibles que dans des conditions sociales idéales, encore irréalisées. La vérité positive, tangible, réside dans une certaine position intermédiaire bien équilibrée. La société ne peut être ni une juxtaposition de vies et d'intelligences indépendantes ; ni un égalitarisme abstrait et irréel ; mais un juste équilibre d'autonomie et de dépendance, de liberté et de solidarité. « Deux écoles philosophiques et politiques se combattent avec acharnement, dit M. Izoulet (¹) : l'économisme et le socialisme. Selon nous, les deux écoles ont raison. Car chacune voit une moitié de la vérité. Elles sont donc inverses mais complémentaires. L'Economisme défend l'idée de liberté, de concurrence, de sélection, d'inégalité, de hiérarchie. Le socialisme défend l'idée de solidarité. Or, ces deux idées de liberté et de solidarité sont également légitimes, et loin de s'exclure s'impliquent. L'évolution sociale est la résultante de ces deux forces inverses, comme les révolutions sidérales sont la résultante du jeu de la force centripète et du jeu de la force centrifuge ou tangentielle ».

Si nous ne redoutions d'abuser de la patience du lecteur, nous montrerions comment un équilibre stable tend à s'établir entre la thèse déterministe et la thèse de la liberté. M. Bergson et M. Fouillée sont les principaux artisans de

(¹) M. IZOULET. — *Cité moderne*, p. 643.

ce nouvel état de la conscience sociale : le premier par
sa distinction féconde du « moi spatial » soumis à la causalité et du « moi profond » indécomposable et par conséquent étranger au déterminisme associationiste ; le second
par son principe de l'idée-force, qui lui permet de faire de
l'idée de liberté un véritable moteur entraînant la réalisation même de la liberté dans la pratique.

Nous montrerions Herbert Spencer tendant à réaliser
dans la conscience moderne un état analogue d'équilibre
mental entre l'idéalisme et le réalisme par une doctrine
intermédiaire et synthétique, qu'il appelle « réalisme transfiguré ». « Rejetant toutes ces hypothèses contradictoires dans leur ensemble, dit-il, le réalisme transformé
prend un élément de chacune d'elles. Il affirme une con-
nexion entre le cube et son image projetée, ce qui concilie
ce qu'il y a de vrai dans l'anti-réalisme. Avec le réalisme
grossier il s'accorde à affirmer l'existence du cube comme
marquée d'un caractère de certitude originelle, mais il
diffère entièrement de lui, en affirmant qu'il n'y a aucune
parenté de nature entre le cube et sa projection. Il réunit
l'idéalisme, le scepticisme et le réalisme hypothétique en
affirmant que la projection ne contient pas un élément,
un rapport, une loi qui soit semblable à aucun élément,
rapport, ou loi du cube réel..... L'analyse géométrique,
conclut-il en définitive, nous aide ainsi à voir comment
le réalisme transfiguré concilie des vues qui paraissent
inconciliables » (¹).

Nous montrerions M. Fouillée et M. Milhaut se refusant
à admettre l'incompatibilité « des trois états » qu'Auguste
Comte voulait dissocier, et à se laisser aller à l'exclusivisme positiviste qui veut la disparition complète
du régime théologique et du régime métaphysique.
« C'est à la synthèse des trois états que marche l'humanité, nous dira M. Fouillée (*Le Mouvement positiviste*,
p. 272), non à la disparition complète des deux premiers au
profit du troisième ». Quant au second, il nous annoncera

(¹) Herbert SPENCER. — *Principes de psychologie*, t. II, § 473.

l'avènement d'un « quatrième état » consécutif aux trois
précédents seuls entrevus par Auguste Comte, qui puisera
« dans la liberté même l'élément le plus efficace d'unification des esprits » (*Revue phil.*, janvier 1902).

Nous montrerions Guyau, dont la pensée est encore si
vivante parmi nous, tendant vers un état idéal d'anomie
morale et d'anomie religieuse. Loin d'être une forme de
scepticisme, comme il pourrait sembler au premier abord
cet état est fait de sympathie très compréhensive et d'un
généreux libéralisme intellectuel. Il est vrai qu'il n'a point
su légitimer rationnellement cette universelle admission
de points de vue, et que présentée sous un aspect purement
poétique, cette anomie mentale semble parfois assez frivole
et même souvent odieuse ; mais les formes de l'idée par-
viennent-elles du premier coup à leur expression adéquate,
et ne commencent-elles pas par être pressenties avant de
recevoir leur formule scientifique ?

Enfin, nous démontrerions comment les divers systèmes
de morale contemporaine, quoique théoriquement divergents quant à leurs principes, convergent pratiquement
vers un même but, le bonheur individuel par le bonheur
de l'humanité tout entière ; et comment tend à s'établir
au sein de la conscience moderne un régime d'équilibre
stable entre les divers points de vue.

S'il nous était permis d'intégrer notre modeste effort
personnel dans cette masse imposante d'efforts collectifs
vers l'équilibre mental, nous n'aurions pas de peine à
démontrer que notre théorie de la vérité est dans le sens
de la pensée contemporaine. Elle essaye de substituer dans
la conscience moderne un équilibre d'une espèce particulière, et peut-être même assez scientifique, à une série
d'antinomies insolubles et de contradictions.

N'oublions pas de mentionner l'effort colossal de la foule
anonyme. Sans exprimer ses états d'âme en formules scientifiques et sans les raisonner philosophiquement elle subit
cependant l'entraînement général vers la conciliation ; elle
opère dans les intimes profondeurs de son intelligence une
synthèse pratique non moins efficace et non moins réelle que

les synthèses théoriques des professionnels de la pensée et de la spéculation idéale. Remarquons même que la synthèse pratique est souvent plus féconde et plus profonde que la synthèse théorique ; beaucoup de systèmes et de théories ne prennent une apparence contradictoire et antithétique que parce qu'ils sont développés en séries logiques dans notre conscience spatiale. Beaucoup d'esprits pourraient dire comme Renan : « J'ai tout critiqué, et quoi qu'on en dise j'ai tout maintenu ». Sans être arrivés à cet état intellectuel par un processus dialectique parfaitement conscient et raisonné, ils y sont parvenus par une préalable fusion d'éléments antagonistes dans les profondeurs de l'inconcient, par une préalable synthèse irréfléchie, par une préalable conciliation pratique.

La multitude de ces résultats concordants, ne prouvet-elle pas l'existence d'une tendance organique de l'esprit moderne vers l'équilibre mental, terme probable de notre évolution intellectuelle ? Notre prévision est doublement justifiée en fait, par l'analyse même de la discipline mentale que s'imposent les penseurs contemporains, et par l'analyse des produits de la pensée moderne. Nous nous acheminons vers une phase d'équilibre stable dont la forme définitive ne peut être encore rigoureusement définie, mais dont on peut cependant prévoir dès à présent les caractères généraux.

IV

Cependant, si cette tendance est justifiée en fait, si elle est observable, réelle, actuellement agissante, est-elle aussi justifiée en droit, est-elle rationnelle, harmonieuse, efficace, logique et féconde ? Il se pourrait que la pensée moderne s'égare, qu'elle suive une fausse voie, qu'elle s'engage dans une impasse infranchissable et soit obligée tôt ou tard de rétrograder. Auquel cas, cette tendance ne serait que provisoire, contingente et finalement fatale aux esprits qui s'y abandonneraient. Il se trouverait que nous aurions pris un caprice, un détour, une aberration de l'esprit moderne pour la véritable direction de l'esprit général.

Il est donc nécessaire de démontrer que le balancement des forces mentales doit normalement aboutir à un semblable état intellectuel de la conscience collective ; et que l'état de compréhensibilité universelle est l'idéal le plus élevé, en même temps que le plus rationnel, auquel puisse aspirer l'esprit humain. Cette démonstration doit être la confirmation triomphante de notre thèse et la garantie du développement dans l'avenir, d'un mode de conscience partiellement réalisé aujourd'hui, et seulement dans quelques intelligences d'élite.

Si nous regardons de près à la nature profonde de ces synthèses partielles nous sommes obligés de constater que ce mouvement de conciliation n'est pas le résultat d'un vain et passager engouement, mais qu'il est imposé par l'ordre même des choses. Ce n'est pas sous l'influence d'un capricieux éclectisme que la conscience moderne accueille les conceptions les plus contradictoires, mais par l'effet d'une nécessité absolue, indépendante de nos volontés contingentes et provisoires.

Une cause fondamentale, supérieure à la mode, milite en faveur de l'intégration des éléments en apparence disparates et de leur concilliation dans un système supérieur. Cette cause tend à assurer dans l'avenir la permanence et même le développement d'un certain équilibre mental. Elle consiste dans ce fait, universellement admis aujourd'hui par les esprits libéraux, qu'il existe « une âme de vérité » dans toute manifestation intellectuelle, et que toute pensée sincère, qui n'est pas absurde et qui n'émane pas de la pure fantaisie, a un fondement dans quelque réalité objective. « Il nous arrive trop souvent, dit Herbert Spencer ([1]), d'oublier non seulement qu'il y a une âme de bonté dans les choses mauvaises mais aussi qu'il y a une âme de vérité dans les

([1]) Herbert SPENCER. — *Premiers principes*, chap. I.

choses fausses ». N'avons-nous pas établi dans l'*Essai d'une théorie scientifique du Concept de Vérité*, que tous les moments de la pensée, quels qu'ils soient, réalisent quelque valeur, soit réelle, soit idéale du rapport de vérité et qu'à ce titre ils doivent tous jouir d'une certaine légitimité ? Toutes les idées expriment chacune à titre égal, un moment de l'évolution de l'esprit universel ; la vérité complète ne saurait consister dans aucune idée particulière, ni dans un moment isolé d'une idée, mais dans la synthèse des idées, et dans la synthèse des moments divers d'une même idée.

En ramenant tous les états intellectuels de la conscience moderne à leurs génératrices fondamentales ; en analysant les principaux centres de vibration de la pensée moderne, n'avons-nous pas démontré la nécessité logique de la pluralité de ces centres et de ces génératrices ? N'avons-nous pas aussi, par conséquent, légitimé implicitement la pluralité des manifestations mentales, et préparé cette œuvre de compréhensibilité universelle à laquelle travaillent tous les penseurs modernes, et qui doit être le terme de notre évolution intellectuelle.

Mais, ce n'est pas seulement en tant que moments solidaires d'une même évolution et d'une même progression dialectique, que les idées antithétiques, ou les positions antithétiques d'une même idée sont légitimes. C'est encore parce que tout moment de l'idée correspond à un moment de l'objet, toute phase de la théorie à une phase de la réalité objective.

Prenez le concept de liberté. Il évolue dans la conscience moderne d'une position positive jusqu'à une position symétrique, négative de la première. En son premier moment, au début de son oscillation, il est défini « libre arbitre absolu » ; en son dernier moment, « déterminisme intégral ». Ce n'est pas par un vain jeu dialectique ou pour le plaisir d'un balancement rythmique qu'il se différencie ainsi dans l'esprit, jusqu'à devenir sa propre négation. Son mouvement d'oscillation est fatal parce qu'il lui est imposé par la nature des choses, par l'oscillation même de l'objet ;

parce que chacun de ses moments est en fait l'expression
d'un des moments correspondants de la réalité en évolution.
Ce mouvement si bizarre d'oscillation du concept est
l'image perpétuelle de la nature allant elle-même, de la
fatalité à la liberté, et de la liberté à la nécessité.

Reprenons l'analyse en partie double, d'une part de
l'objet, et d'autre part de la notion de liberté. La nature en
son premier moment est matière pure, inertie, passivité ;
c'est le règne de l'infra-organique et de la rigidité absolue.
Consultons l'indication de notre chronomètre idéal. Que
nous révèle la notion de liberté en son premier moment ?
Nécessité, déterminisme, fatalisme. Elevons-nous dans
l'échelle des êtres : l'objet, de minéral, s'élève progressivement au végétal ; puis, par une différenciation et une
ascension insensibles touche à l'animalité par l'éponge et
l'algue. Cette nouvelle position de l'objet entraîne une
position concomitante du concept. Comment se définit la
liberté en son second moment ? Spontanéité inconsciente,
penchement obscur de la feuille vers la lumière, attraction
mystérieuse du soleil et de la plante. Continuons à vérifier
cette concordance de vibration. Nous voici à l'animal ; quel
est son mode d'action ? Le concept répond : spontanéité
consciente, mobilité sous l'influence du motif externe,
attraction sentie quoique non encore voulue. Venons à
l'homme, dernier échelon de la hiérarchie des êtres et
pouvant lui-même osciller de l'animalité obtuse à la spiri-
tualité du « surhomme ». Nouvelles positions du concept
de liberté ; spontanéité consciente cette fois, sous l'influence du motif interne, de l'idée pure, de l'idéal. Passons
la sphère des existences réelles et arrivons à la limite des
êtres, à l'esprit pur, sans mélange de matière, d'inertie, de
passivité. Consultons la position correspondante, le point
limite de la trajectoire du concept de liberté ; nous lisons
liberté absolue, contingence idéale, indéterminisme, adé-
quation, identité, simultanéité complète de l'idée et de
l'acte. Reprenez en sens inverse l'oscillation de l'objet ;
vous vérifierez en sens inverse la correspondance et la
parfaite harmonie de l'oscillation idéale.

Prenez maintenant tous les concepts fondamentaux de la pensée moderne, tous ceux qui présentent deux pôles opposés et antagonistes ; tous ceux qui admettent la thèse et l'antithèse ; tous ceux qui éveillent et enflamment les passions de l'humanité. Vous vérifierez pour tous le même parallélisme merveilleux de leur oscillation avec l'oscillation de l'objet qu'ils représentent. « Dieu n'est pas ; il devient ». Vision profonde, synthétique, éminemment en harmonie avec les tendances conciliatrices du siècle. Paraissant ainsi dans le pêle-mêle et la confusion des doctrines, elle semble paradoxale, inadmissible, extravagante. Nous venons de lui rendre sa véritable valeur et sa haute signification. Cette conception de la divinité est désormais légitimée, classée, intégrée dans un ordre de définitions analogues très extensibles, très élastiques, et qui ressemblent plus, par leur élasticité même, à des lois scientifiques qu'à ces définitions fermées de la logique abstraite.

Dieu, on le nie et on l'affirme, avons-nous dit dans l'Introduction. Ceux qui l'admettent se contredisent en le définissant de mille façons diverses et en lui prêtant les plus extravagantes qualités. Pour les uns il est pur esprit ; pour les autres, matériel. On dit de lui qu'il est le Bien et le Mal, la Loi éternelle, le Beau, la Vérité, la Justice, la Vie universelle, l'Unité, l'Idéal, l'Humanité perfectible, la Pensée, la Volonté, la Raison universelle, l'Indéfinissable. Dans le concept de Dieu semblent s'être réunis et concentrés tous les vocables, toutes les rêveries, toutes les élucubrations, toutes les contradictions entassées de l'impuissance humaine. Par quelle théorie la conscience moderne répondra-t-elle à cette hétérogénéité touffue et déconcertante ? Par une synthèse de toutes ces opinions. Cette synthèse consiste à voir de la divinité éparse dans tous les êtres, quoique épandue en plus grande proportion à mesure que croît le degré ou l'ordre de leur perfection. « Nous avons trouvé à Dieu un riche écrin de synonymes, nous dira Renan ». À une série de thèses isolées, contingentes, personnelles, trouvant toujours devant elles une série équivalente d'antithèses correspondantes, nous avons désormais conscience qu'il faut substituer une loi de progression de la divinité, symétrique de la progression réelle des êtres. Nos concepts transcendantaux sont par essence indéterminés ; il faut leur conserver toute leur indétermination naturelle, c'est-à-dire, cette faculté supérieure de la loi scientifique elle-même, de n'être vérifiable complètement par aucune existence et d'être vérifiée cependant par chacune, et par l'ordre entier de ces existences.

Dans cette doctrine supérieure de la Divinité à laquelle s'achemine lentement la pensée moderne, mais qui n'a pas encore reçu son expression scientifique, se trouvent condensés naturellement et sans violence le fétichisme et le polythéisme antiques, toutes les formes possibles du monothéisme, la religion positiviste de l'Humanité, le théisme abstrait et aussi le mysticisme, sommet suprême et expression exaspérée du sentiment religieux. Adoration des êtres inférieurs de la création ; adoration de l'Humanité ; adoration du « surhomme » ; adoration du principe surnaturel de toutes choses ; la doctrine de la Divinité en évolution, condense en une adoration synthétique et universelle, toutes ces formes incomplètes et inadéquates du sentiment religieux. Les anciens adoraient des idoles matérielles ; Auguste Comte s'arrête à la divinisation de l'Humanité : avec Platon, avec Hegel, avec tous les idéalistes il faut s'élever plus haut, parce que l'humanité fait elle-même partie d'un tout plus large, qui lui-même nous engage à enfler nos conceptions et à dépasser les sphères du relatif pour venir nous abîmer dans le nirvâna infiniment voluptueux de l'Idéal et de l'Absolu.

D'autres analyses nous conduiraient au même résultat. Nous devons saisir déjà, par ces grossières indications, la profonde signification de l'oscillation du concept, ainsi que la nécessité pour l'esprit d'intégrer tous les moments de cette oscillation et d'en opérer la synthèse triomphante. Les moments de l'idée, en effet, sont des moments mêmes de l'évolution des choses, ou, si l'on préfère correspondent à des phases diverses de la progression des êtres. Négliger ou supprimer des déterminations de l'idée, ce serait aussi voiler la réalité, amputer l'objet, borner son horizon, s'imposer des œillères aveuglantes.

Si vous saisissez le parallélisme merveilleux du concept et de son objet, de l'esprit et de la nature, l'identité fondamentale de leur oscillation, leur isochronisme permanent, vous ne devez plus douter non seulement de la tendance de la conscience moderne vers l'équilibre ; mais même de la nécessité pressante et de la supériorité de cet état synthétique de la conscience sociale, trop longtemps vouée à un anarchisme douloureux et infécond.

Cet état d'équilibre, dont nous venons de constater des réalisations partielles dans la conscience moderne et dont nous venons de démontrer la nécessité, tend à s'établir en quelque sorte mécaniquement, quand même nous ne le voudrions pas. Isolons par un artifice analogue à celui dont usent couramment les savants dans l'étude des phénomènes matériels deux états de conscience antithétiques, la thèse du déterminisme et la thèse de la liberté, par exemple, ou du scepticisme et du dogmatisme. Donnons à chacune de ces thèses toute son énergie potentielle ; c'est-à-dire, rétablissons tout l'arsenal des arguments qui militent en faveur de chacune, et voyons ce qui tend à se produire dans la conscience qui est le siège de cette antithèse.

Kant l'a bien vu. Il arrive que la thèse n'emporte pas plus notre assentiment que l'antithèse ; il se produit une espèce d'équilibre mental entre ces deux affirmations, en vertu duquel celles-ci nous paraissent également légitimes ; une espèce de suspension de jugement, « d'époque » comme disaient les sceptiques anciens, qui attend, pour se résoudre en affirmation et en dogmatisme, les données positives de l'expérience. Il se réalise alors un état d'esprit analogue à celui du savant lorsqu'il pense une loi scientifique, la loi d'attraction universelle, par exemple. Il ne songe à aucune application particulière de la loi ; le fait

capricieux détruirait la belle ordonnance abstraite et la
large formule indéterminée. Il ne pense aucune valeur
particulière du phénomène, aucun cas individuel, ce qui
démentirait la teneur générale de la loi et en violerait
l'intégrité. Il se produit dans l'esprit du savant une espèce
d'abstention provisoire, d'attente, de suspension analogue à celle qui se produit dans notre conscience lorsqu'elle se trouve soumise à la fois à la thèse et à l'antithèse.

Or, cet état est un véritable état d'équilibre mental.
Sans soumettre sa pensée au contingent et sans affirmer
pour l'instant aucune détermination particulière de la loi
ou de l'idée, on est cependant placé dans les meilleures dispositions pour affirmer et comprendre toutes les déterminations particulières qui se présenteront. Appelez cet
état, un état d'égale sympathie ou d'égale indifférence
pour toutes les déterminations spéciales de la loi ou de
l'idée transcendantale ; il n'en est pas moins vrai, que cet
état d'abstention provisoire est supérieur à l'affirmation,
parce qu'il est plus général, et synthétise dans son mu-
tisme, dans son anomie, la totalité des cas particuliers et
des déterminations individuelles.

Etendez cette analyse à toutes les antithèses de la conscience. Vous comprendrez que normalement, naturellement, mécaniquement, il tend à s'établir entre tous nos
états intellectuels cette espèce d'équilibre idéal. Nous ne
pouvons encore, il est vrai, en déterminer la forme définitive : mais cette tendance est manifeste dans certaines
régions de l'intelligence et pour certains esprits. La coexistence universelle et à propos de chaque notion de l'affirmation et de la négation, de la thèse et de l'antithèse, d'une force positive et d'une force négative, néces-
site finalement l'établissement d'un certain équilibre.
Tout état intellectuel, soumis à la résistance d'un état an-
tagoniste, doit subir une décroissance progressive d'intensité ; cette décroissance doit aboutir à la cessation du
mouvement, et par conséquent à l'équilibre. Des équilibres
partiels sont déjà en grand nombre établis ; quant à l'équi-

libre final de la pensée universelle, il est impossible de
lui assigner une époque, ni de prévoir même approximativement le temps où il s'établira, quoiqu'il soit légitime
cependant, de le concevoir comme terme de l'évolution
intellectuelle de l'humanité.

V

Il est donc incontestable que la conscience collective
s'achemine progressivement, quoique à travers quelques
détours, vers un état d'équilibre intellectuel. Nous avous
dès à présent de fortes présomptions de croire que ce
n'est point là une de ces tendances passagères qui finissent
par s'évanouir, mais, au contraire, une tendance normale
et rationnelle. Il serait cependant prématuré de vouloir
décrire dès maintenant ce nouveau régime mental, ce quatrième état, auquel ne sont parvenues qu'un petit nombre
d'intelligences prédestinées, toujours partiellement d'ailleurs, et, le plus souvent, sans avoir une conscience très
claire de leur éminente position philosophique.

Loin de nous, donc, la prétention de vouloir pressentir,
ou décrire d'imagination ce dernier terme de l'évolution
intellectuelle et son aboutissement définitif. Qu'il nous
soit permis, cependant, d'exposer brièvement et à titre de
conclusion la méthode qui nous semble la plus apte à
nous conduire sur certains points, à cet état privilégié de
synthèse et de compréhension d'où disparaissent les contradictions et d'où l'on voit se réconcilier les points de vue
les plus hétérogènes. Quel que soit le succès ultérieur de
cette méthode, elle nous a conduit, à propos de quelques
problèmes philosophiques, à cet état supérieur d'équilibre
intellectuel, de compréhension et de libéralisme idéal,
d'où l'on aperçoit la légitimité de toutes les solutions, de
toutes les déterminations de l'idée, et même les connexions
nécessaires qui lient la thèse à l'antithèse. Systématiquement étendue à d'autres problèmes philosophiques,
peut-être amènerait-elle d'autres esprits à des résultats

analogues ; et, peut-être, par elle, la conscience collective se rapprocherait-elle de son état définitif d'équilibre, comme elle s'en est approchée progressivement déjà sous l'action des méthodes synthétiques des éclectiques et de M. Fouillée.

L'équilibre des éléments contradictoires de la conscience moderne, ou synthèse universelle, exige selon nous trois conditions fondamentales.

Et d'abord, une refonte radicale de nos habitudes mentales, un emploi nouveau de chacun de nos concepts, un usage entièrement renouvelé de notre entendement. La cause de nos insolubles antinomies théoriques consiste dans l'absence de conception scientifique de nos idées. Nous les interprétons encore aujourd'hui suivant les vieux procédés de la logique d'Aristote et d'une scholastique démodée. Nous les pensons comme les anciens ou comme les moines du moyen âge, sous la même forme, avec une extension et une compréhension définies. Il est extraordinaire que la science positive, qui a modifié totalement notre point de vue en ce qui concerne l'univers matériel, ait laissé intacte notre conception de l'idée générale et de l'idée transcendantale. Si tous nos concepts étaient ramenés à leur formule scientifique, toute antinomie disparaîtrait, ou du moins cesserait de paraître anormale, comme nous avons vu que cela arrivait pour le concept de vérité, dès que nous nous élevons à l'interprétation scientifique de cette notion.

A l'ancienne définition par le genre prochain et la différence spécifique, surannée, scholastique et stérile, il faut substituer une définition calquée sur les définitions scientifiques ; à la conception des idées qui découle du premier point de vue, il faut substituer une conception des idées radicalement renouvelée et rénovée par l'esprit scientifique.

Or, observez les définitions dont usent les sciences positives. Elles ont toutes à leur base la notion de rapport. La masse est un rapport constant entre la force qui sollicite

le corps et l'accélération que cette force parvient à lui
imprimer. Le poids spécifique d'un corps est le rapport
du poids du corps à son volume. L'intensité d'un courant
se définit en fonction de la force électromotrice et de la
résistance du conducteur ; et la résistance elle-même se
définit en fonction de la longueur du fil, de sa section et
de la nature du conducteur. Toutes les lois des phénomènes expriment des rapports. Les corps s'attirent en
raison directe de leurs masses et en raison inverse du
carré de leurs distances. A une même température, les
volumes d'une masse de gaz sont en raison inverse de sa
pression. Dans les phénomènes de pesanteur, les espaces
parcourus sont proportionnels aux carrés des temps ; les vi-
tesses sont proportionnelles au temps. Le savant ne s'use
pas l'esprit à découvrir une de ces définitions littéraires,
inextensibles, analogues aux définitions données par les
dictionnaires et les encyclopédies. Il n'y a rien de plus
ridicule, de plus stérile que cet acte de tension intellectuelle par lequel on cherche une définition *a priori*, qui
aboutit à un simple entrechoquement de mots, à une formule rigide, sans efficacité, sans richesse et sans conséquences.

Toute définition, aussi bien dans le domaine philosophique que dans le domaine des sciences doit : 1º exprimer
une variable, un rapport, parce que chacun des éléments
de la nature est lui-même variable, et en rapport avec
d'autres éléments ; 2º exprimer les deux termes du rapport ; 3º faire entrevoir les variations possibles des termes
du rapport, et par suite les variations du rapport lui-
même sous l'influence des causes incidentes. Seules,
de telles définitions seront compréhensives et synthétiques ; seules elles pourront donner lieu à une déduction rationnelle analogue à la déduction mathématique ;
seules elles correspondront à l'universalité des choses
actuelles et des choses possibles, comme les lois scientifiques. Définir toujours scientifiquement par la notion de
rapport, en ayant soin d'énoncer ses deux termes et de
laisser entendre sa variabilité indéfinie correspondant à

la variabilité indéfinie de ses termes, tel sera le premier moment de la méthode philosophique nouvelle.

Le second moment de la méthode consistera à étudier chacun des termes du rapport en question, et à examiner sous quelles influences ils varient et de quelle nature sont ces variations. C'est aussi le second moment de la méthode des sciences positives. Après avoir observé le phénomène de la capillarité, le physicien étudie les circonstances qui influent sur ce phénomène, nature du liquide, nature du solide, dimension du vase (tubes, plaques). Il remarque que la pression atmosphérique varie avec l'altitude, avec le temps, et il se demande suivant quelles lois et dans quelle proportion. Il observe que la vitesse de diffusion varie avec la nature de la substance, avec la concentration de la dissolution, avec la température; que l'ébullition varie avec la pression, la nature du corps, les gaz ou sels dissous, la forme de l'enceinte, etc... Le philosophe, le métaphysicien, le moraliste, le théoricien politique, devront employer un procédé identique, et, après avoir posé un rapport, étudier les variations possibles et réelles de ce rapport. Or, un rapport est susceptible de deux sortes de variations suivant les variations mêmes de ses termes : 1° de variations quantitatives, 2° de variations qualitatives. Toutes les sciences concrètes qui ne se bornent pas à la considération exclusive des quantités comme les mathématiques reconnaissent cette dualité. Il existe une loi qualitative de la chute des corps : (tous les corps tombent dans le vide d'un mouvement identique), et des lois quantitatives. Il en est de même pour tous les phénomènes physiques, pour l'ébullition, l'intensité d'un courant, la résistance d'un conducteur électrique etc... Le philosophe devra donc étudier ces deux catégories de variations possibles du rapport considéré.

Enfin, le troisième moment de la méthode consistera à tracer la courbe des valeurs quantitatives et des valeurs qualitatives du rapport envisagé, et à montrer comment tous les systèmes, toutes les idées, toutes les doctrines qui se croient autonomes et indépendantes, sont des moments continus d'une évolution idéale, correspondant à une évolution réelle et objective, se déroulant dans l'espace et dans le temps. Cette courbe n'exprimera pas seulement une valeur unique, un moment isolé et quelconque de la réalité et de l'idée ; mais toute la réalité dans son inépuisable variabilité et dans l'infinité de ses moments. Elle suivra la réalité, la moulera, l'exprimera dans ses moindres méandres, comme les graphiques des trains nous donnent avec précision l'heure à laquelle un train arrive dans une ville, ou réciproquement, quelle distance est parcourue et dans quelle ville arrive un train à une heure donnée. Par ce moyen des graphiques ou des courbes, se réalisera symboliquement une merveilleuse adaptation de la pensée et des choses. Cette harmonie sera à la fois *a priori* et *a posteriori* ; *a posteriori* parce qu'elle sera basée sur l'expérience, et que la courbe aura exigé de longues observations, des déterminations multiples ; et *a priori*, parce qu'une fois tracée, elle nous permettra, sans recourir de nouveau à l'expérience, d'obtenir tous les aspects et toutes les valeurs du rapport étudié. Bien plus ; nous ne dirons pas seulement comme Hegel et ses disciples : si cette courbe est rationnelle, elle est réelle. Mais nous dirons plus que lui : si cette courbe est rationnelle, elle est la loi non seulement de tous les phénomènes actuels et réels, mais encore la loi des purs possibles dont elle prédétermine les valeurs futures.

En résumé, étant donnée une idée, un concept, la seule méthode scientifique pour les déterminer intégralement consiste : 1° à les définir par la notion de rapport ; 2° à étudier expérimentalement toutes les variations possibles de ce rapport correspondant aux variations de ses termes ; 3° enfin tracer la courbe idéale de ces variations qui sont ou quantitatives, ou qualitatives.

Cette méthode, dont nous venons d'esquisser les grandes lignes, est celle que nous avons appliquée dans cet ouvrage ; nous l'avons appliquée dans l' « *Essai d'une théorie scientifique du Concept de Vérité* » ; nous nous proposons de l'étendre à tous les problèmes de la philosophie. Il nous est donc possible d'éclairer ces formules abstraites par des exemples.

A propos du concept de vérité, veut-on s'élever au-dessus des conceptions particulières et contingentes ? Veut-on atteindre à cette universalité de vue d'où s'évanouissent toutes les oppositions et les contradictions factices ? Veut-on intégrer dans une conception supérieure et scientifique, la variété des définitions individuelles ? Définissons la vérité en plaçant à sa base la notion de rapport, comme nous l'avons fait dans l' « *Essai d'une théorie scientifique de la Vérité* ». Nous obtenons le résultat suivant : « La vérité est un rapport entre la représentation définie du sujet. et la possibilité indéfinie de représentation qui constitue le monde ». Faisons varier maintenant les termes du rapport : la représentation du sujet pensant est susceptible, 1° d'un nombre illimité de valeurs quantitatives. 2° d'un certain nombre de valeurs qualitatives que nous avons étudiées dans leur détail. Ces deux catégories de valeurs peuvent être elles-mêmes, soit réelles. si elles sont effectivement réalisables dans la pratique : soit idéales, si elles sont conçues seulement à titre de limite. Quatre sortes de valeurs possibles de l'un des termes du rapport ; donc, quatre sortes aussi de valeurs correspondantes du rapport lui-même. Donc enfin, quatre interprétations possibles de la notion de vérité, quatre points de vue sur ce concept : 1° la vérité dans ses valeurs quantitatives ; 2° la vérité dans ses valeurs qualitatives ; 3° la vérité dans ses valeurs quantitatives réelles et dans ses valeurs quantitatives idéales : 4° la vérité dans ses valeurs qualitatives réelles et dans ses valeurs qualitatives idéales.

Traçons la courbe de chacune de ces catégories de valeurs. Nous atteignons naturellement, normalement, à cet idéal d'équilibre mental, à cette sérénité vraiment scientifique, d'où l'on voit se coordonner comme des moments solidaires et également légitimes d'une même progression, la multitude primitivement confuse et déconcertante des affirmations individuelles et contingentes. Sur cette courbe viennent s'ordonner dans un ordre hiérarchique toutes les conceptions possibles de la vérité comme des moments d'une même évolution, depuis les doctrines extrêmes des sceptiques, jusqu'à la doctrine extrême aussi, mais en sens inverse, de l'idéalisme absolu.

Nous n'éprouvons plus en face des systèmes contradictoires, en face des définitions hétérogènes, l'angoisse intellectuelle que nous ressentions avant la synthèse. Nous comprenons désormais la nécessité de la contradiction, parce que nous saisissons la légitimité de l'affirmation et de la négation ; parce que nous sentons leur réalité nécessaire, leur continuité indispensable, analogue à la continuité du cosmos, à l'évolution de la plante, ou au cycle de l'être vivant. Nous ne sommes plus parmi les systèmes de la vérité comme un voyageur égaré, oscillant de l'un à l'autre sans pouvoir trouver de raison catégorique de nous fixer dans une position plutôt que dans une autre. Nous tenons désormais la loi du développement de la vérité ; nous sommes en possession d'un principe universel, capable de nous guider non seulement dans le labyrinthe des solutions particulières, mais encore parmi la variété indéfinie des expériences individuelles.

Cette même méthode de synthèse et de conciliation nous l'appliquons encore dans le présent ouvrage. Nous avons défini l'anarchie mentale en usant de termes exclusivement scientifiques, et par analogie avec des phénomènes d'optique extrêmement remarquables : les phénomènes des vibrations et des interférences. Nous avons déterminé la courbe des valeurs anarchiques possibles de la conscience individuelle ou sociale, en ayant soin de noter les principales influences qui agissent sur la conscience contemporaine ou sur les individus, pour leur faire réaliser tel ou tel degré d'anarchie mentale. A une série d'affirmations contingentes et contradictoires, nous répondons par une doctrine synthétique de toutes les opinions. Pour les uns (Auguste Comte, M. Fouillée, Guyau, M. Paulhan), la

conscience contemporaine est anarchique ; pour d'autres
elle est à son maximum d'unification ; pour d'autres enfin,
sans être unifiées, les intelligences se dirigent vers l'unité.
Nous croyons que ni les uns ni les autres n'ont pleinement raison quoique aucun n'ait cependant pleinement
tort ; les penseurs modernes sont en face de ce phénomène comme des expérimentateurs à courte vue qui affir-
meraient, les uns, que l'eau bout à 100 degrés ; les autres,
qu'elle bout à 99°, d'autres à 110°, et qui se limiteraient à
ces points de vue exclusifs. De même ici, l'affirmation que
l'on porte dépend simplement de la base d'expérience que
l'on choisit et du point de la conscience collective que l'on
envisage. Quant à notre théorie, elle tient compte, comme
la loi scientifique, des circonstances de lieu, de temps et de
milieu ; elle admet la possibilité de tous les degrés anarchiques et établit une véritable loi positive de détermination de ces diverses valeurs. A une masse confuse de
thèses contradictoires, péniblement appuyées sur une
suite de preuves contingentes, nous substituons une loi de
variation des valeurs anarchiques de la conscience moderne, fondée sur l'étude systématique des conditions et
des facteurs de ce phénomène. Cette loi universelle établie,
il ne nous resterait plus, pour procéder à des déterminations particulières et pour calculer le degré anarchique d'une conscience individuelle, ou de la conscience
collective à tel moment du temps et en tel point de l'espace, qu'à nous reporter sur la courbe décrite, et à déterminer à l'aide des conditions mêmes du phénomène la position qu'y occupe la conscience en question.

Enfin, nous avons conçu toute une théorie des idées
basée sur les mêmes principes, sur la même théorie de la
définition. Nous croyons possible une doctrine de la liberté analogue à notre théorie de la vérité ; nous croyons
que la notion de Bien elle-même, si vague, si élastique,
peut donner lieu à une interprétation scientifique suivant
les mêmes principes ; nous sommes persuadés, enfin, qu'il
n'est pas une de nos notions qui ne puisse être conçue
suivant les règles de la plus rigoureuse positivité. La dia-

lectique deviendra l'art de développer à la fois *a priori* et *a posteriori* nos idées dans toute leur amplitude ; de développer dans leur ordre naturel et rationnel toutes les valeurs (positives et idéales, quantitatives et qualitatives) susceptibles d'être prises par un concept donné, ou susceptibles d'être réalisées effectivement. Elle sera la détermination rationnelle des valeurs possibles de nos concepts, depuis zéro jusqu'à l'infini, et le développement régulier de ces valeurs suivant leur progression croissante ou décroissante. De ce nouveau point de vue, naîtra naturellement un nouvel aspect de la psychologie, de la métaphysique, de la logique, et, en général, une transformation de tout le domaine philosophique.

En définitive donc, et pour nous résumer, nous croyons que toutes nos contradictions, toutes les antinomies du temps présent proviennent de ce que l'on voudrait avec des formules abstraites, cristallisées dans une immutabilité idéale (Vérité, Liberté, Beauté, Raison, Dieu, etc...) enfermer la réalité objective, enserrer la nature en perpétuelle évolution. Toutes ces formules fixes et rigides éclatent, brisées par la réalité qui ne peut s'y développer. A ces cristallisations de la pensée abstraite et surtout du langage, il faut substituer, pour atteindre à quelque équilibre mental, un moule idéal, élastique, extensible ; des lois compréhensives, capables de se modeler sur la réalité sans cesse diversifiée, d'en suivre et d'en reproduire les changements et l'évolution incessante ; capables de s'adapter aux variations qualitatives et quantitatives des phénomènes comme les lois scientifiques dont elles ne doivent être que l'imitation. Il faut renoncer à poser des thèses, mais plutôt, comme le savant, découvrir des lois de variations des phénomènes. A ces questions insolubles qui font le tourment de l'esprit moderne : qu'est-ce que la Liberté, la Vérité, le Bien, etc..., il faut définitivement substituer ces autres problèmes de forme plus positive et qui seuls comportent une solution scientifique : Quelles sont les conditions déterminantes de la Liberté, de la Vérité, de la Beauté, de la Bonté, de la Divinité etc... et quelle est la loi idéale de variation de ces propriétés.

Dès que nous serons parvenus à opérer d'une façon systématique ces déterminations, et que nous aurons découvert la loi des variations qualitatives et quantitatives de toutes ces propriétés. nous serons bien près de cet idéal d'équilibre intellectuel vers lequel s'achemine à travers de longs tâtonnements la conscience contemporaine.

Pour avancer ce but, il faut que ce grand effort d'intégration de l'esprit moderne ne demeure pas dispersé; qu'il se poursuive d'une façon systématique et coordonnée, avec pleine conscience du but et suivant les procédés les plus rationnels et les plus scientifiques. La coordination des efforts pour cette tâche suprême, telle doit être désormais la préoccupation constante de tous les esprits libéraux et compréhensifs qui rêvent d'une ère d'apaisement et d'harmonie intellectuelle, source ultérieure de paix sociale.

Lorsque des mouvements se produisent dans un espace quelconque et que l'observateur s'éloigne progressivement il arrive toujours un moment où ces mouvements deviennent imperceptibles et semblent s'annuler; et pour toute espèce de mouvement, il existe ainsi une position, un point de vue du sujet d'où ils disparaissent pour la conscience, et d'où le mobile paraît dans le plus parfait équilibre. De même, dans la sphère des idées, il existe une position de l'intelligence humaine très élevée, très synthétique, très compréhensive, d'où disparaissent les oscillations qui font le tourment de la conscience moderne, et d'où l'esprit qui y parvient ne perçoit plus qu'un vaste système d'idées aussi parfaitement équilibrées que les astres qui peuplent le firmament..

L'idéal de la pensée humaine (et cette pensée se rapproche alors de la pensée divine toute puissante et universelle), consiste à concevoir dans la même aperception synthétique toutes les valeurs de ses concepts, depuis les plus infimes jusqu'aux plus élevées et à concevoir simultanément la série indéfinie des conséquences qui découlent de l'ensemble de ces diverses valeurs. C'est pour n'avoir pas aperçu l'infinité des valeurs possibles de leurs concepts et en avoir envisagé certaines à l'exclusion des autres que presque tous les penseurs jusqu'ici ont dogmatisé chacun de son point de vue, avec la conviction intime qu'étant seuls dans le vrai, ils avaient tous les droits à l'hégémonie intellectuelle et au plus intransigeant sectarisme. En réalité ils étaient les esclaves d'un moment de l'idée, d'une valeur particulière de leurs concepts ; il était nécessaire qu'il en fût ainsi, que chaque valeur de chaque idée fût développée et incarnée par un esprit qui s'en fit le serviteur, qui la produisît à nos yeux dans toute sa splendeur, afin que plus tard fût possible cette synthèse universelle des sommets de laquelle toute pensée devient juste, légitime et explicable. Mais le philosophe n'est plus l'esclave d'aucune valeur des concepts et des idées : il n'est plus possédé, mené, dirigé exclusivement par aucune doctrine à l'exclusion des autres : il est cet œil impassible, cet esprit pur qui voit se dérouler jusqu'à l'infini l'échelle des valeurs de tous les concepts de l'esprit humain avec les séries illimitées de leurs conséquences, descendant et remontant sans cesse le cours de ces majestueuses progressions logiques, et en contemplant dans la nature les éphémères réalisations.

Vu et lu :

Nancy, le 3 avril 1907.
Le Doyen de la Faculté des Lettres.
ALBERT MARTIN.
Correspondant de l'Institut.

Vu et permis d'imprimer :
Nancy, le 17 Juillet 1908,
Le Recteur de l'Académie,
CH. ADAM.
Correspondant de l'Institut.

Table des Matières

CHAPITRE I

Théorie générale du mécanisme de l'anarchie intellectuelle.

CHAPITRE II

Du mouvement d'oscillation des modes généraux d'explication de l'esprit moderne.

CHAPITRE III

Du mouvement d'oscillation des idées générales dans la conscience moderne.

CHAPITRE IV

Du mouvement oscillatoire des idées directrices de la conscience moderne.

CHAPITRE V

Le phénomène de l'anarchie intellectuelle.

CHAPITRE VI

L'état d'équilibre intellectuel.

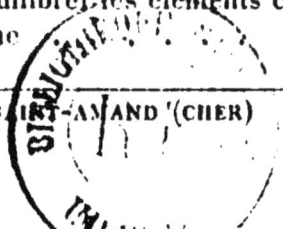

IMPRIMERIE THOLAT FRÈRES. — SAINT-AMAND (CHER)

www.ingramcontent.com/pod-product-compliance
Lightning Source LLC
Chambersburg PA
CBHW072100080426
42733CB00010B/2167